CW00459485

# EL PROFESOR PRODUCTIVO

## Productividad y Ahorro de Tiempo para Profesores

**Guillermo Antón Pardo**

Málaga, Noviembre de 2021

1ª Edición, Noviembre 2021

Málaga, España

*Para mis hermanos Jaime y Vicente*

*Para todos los profesores con los que he trabajado*

# ÍNDICE

## XXIII

*El Principito, después de su charla con el guardagujas, se encontró con un mercader:*

*— Buenos días- dijo como siempre educado el Principito.*

*— Buenos días- respondió el mercader.*

*El hombre vendía píldoras especiales para aplacar la sed. Con tomar una a la semana, ya no se tenía sed.*

*— ¿Y por qué vendes eso?- preguntó con curiosidad el Principito.*

*— Bueno, si te tomas una de estas píldoras, no tienes que beber en un tiempo largo, y esto te ahorra un total de cincuenta y tres minutos por semana. ¡El tiempo es oro!*

*— Ya... ¿Y qué se hace con esos minutos?- preguntó entonces el Principito.*

*— ¡Pues lo que quieras!*

*— Si yo tuviera esos cincuenta y tres minutos, los usaría para caminar tranquilamente hasta la fuente— respondió el niño.*

*El Principito*
*Antoine de Saint Exupéry*

# INTRODUCCIÓN

Bienvenido al primer y hasta ahora único libro de productividad para profesores editado en español. He escrito el libro que yo necesitaba y me hubiera gustado encontrar cuando empecé a tener **problemas de falta de tiempo**. Espero que sea de utilidad también para ti.

Aquí tienes mi primera lección de productividad: si tu prioridad al consultar este libro son los consejos para ahorrar tiempo en tu trabajo como profesor, **salta esta introducción y ve directamente al primer capítulo**, porque la introducción está dedicada a comentar algunas cosas que considero importantes pero no son estrictamente técnicas de productividad para docentes. Si más adelante te apetece, vuelve aquí a leerla.

### Exceso de trabajo

Si estás leyendo este libro, es porque has llegado a la misma situación que yo. **Tu trabajo como profesor ocupa mucho más tiempo del que deseas.** Sobre todo al principio de nuestra carrera como profesores, dedicamos mucho tiempo a preparar las clases, a corregir tareas o exámenes y a tareas administrativas (cada vez más, sobre todo si somos tutores). Cuando tenemos más experiencia vamos encontrando estrategias para reducir esta dedicación y acumulamos recursos que nos ayudan a ahorrar nuestro valioso tiempo. Sin embargo, siempre mantenemos la sensación de no llegar a todo y de que **podríamos hacer algo para ahorrar tiempo**.

El aumento de trabajo ha sido especialmente relevante en los últimos años. Las penúltimas crisis nos trajeron aumentos en el número de horas y en el número de estudiantes. Las tareas administrativas no han dejado de aumentar. Tras la pandemia de coronavirus, la revolución de la educación no presencial ha supuesto un incremento de tareas que hemos tenido que incorporar a nuestra agenda. Actualmente, **no conozco a ningún profesor que no acuse esta falta de tiempo.**

Aunque tengamos una gran vocación docente, no podemos dejar que el trabajo limite nuestra vida personal. **No somos superhéroes que tengamos que salvar a todos nuestros estudiantes de la ignorancia.** Somos personas que realizan un trabajo importante y **debemos mantener un equilibrio saludable con nuestra vida personal** (familia, ocio, deporte, descanso, etc.) para poder realizarlo de forma adecuada.

**Este libro te ayudará a ahorrar tiempo** en las tareas rutinarias para disfrutar más de tu vida de la forma que decidas. Técnicas, métodos, ideas, consejos o trucos de todo tipo que he ido recopilando, aprendiendo y utilizando a lo largo de mi carrera para mejorar mi productividad y tener más tiempo para mí. Y funcionan. Incluso si actualmente estás satisfecho con el tiempo que dedicas a tu trabajo, este texto te puede ayudar a ser más productivo y mejorar como docente.

Ahorrar tiempo **no esta reñido con ser buen profesor.** Hacer nuestro trabajo de forma eficiente hace que aumente nuestra satisfacción al hacerlo y mejora nuestro bienestar laboral. También **seremos más felices** al conseguir los mismos o mejores resultados en menos tiempo, y esta felicidad también repercutirá en nuestra docencia. **Un profesor infeliz no suele ser buen profesor.** Pero recuerda en todo momento que **el objetivo principal de este libro es ayudarte a ahorrar tiempo,** no mejorar tu capacidad pedagógica, para lo que hay otras muchas publicaciones de calidad.

### Dos ideas

Voy a comentar un par de ideas que probablemente rondaban por tu mente pero de las que tal vez no eras plenamente consciente.

1. La primera idea es que **el trabajo de docente puede ser interminable**. Siempre podemos dedicar más tiempo a preparar mejor nuestras clases, crear (y corregir) más actividades o exámenes, mejorar la atención individual a estudiantes, rediseñar tareas, usar nuevas tecnologías o aplicaciones, realizar cursos de formación o, siendo tutores, aumentar la comunicación con las familias... Completa tu propia lista personal. La mía seria inacabable.

2. Ahora la segunda idea: como docente (y también como persona), **tienes tiempo para hacer cualquier cosa, pero no tienes tiempo para todas las cosas**. Supongo que estás de acuerdo. Nuestro tiempo es limitado y tenemos que **decidir a qué lo dedicamos**, incluyendo nuestra vida personal. Esto es válido para cualquier profesión, pero especialmente para los profesores, por la naturaleza atípica del horario de trabajo que desarrollamos.

La conclusión que surge de estas dos ideas es que **debes poner límites externos al tiempo que dedicas a tu trabajo** o se expandirá para ocupar todo el tiempo posible del que dispongas. Te quemarás y no serás feliz. He pasado por eso. Esta es la razón por la que, además de muchos consejos concretos para los aspectos específicos de la docencia, hay un capítulo dedicado a que reflexiones sobre cuánto tiempo quieres trabajar.

### Cada minuto cuenta

El núcleo fundamental de este libro se basa en **el efecto multiplicativo de las pequeñas acciones**. Trabajamos con números grandes de estudiantes, tareas, tests, exámenes, informes, mailes, etc. Si conseguimos ahorrar una minúscula cantidad de tiempo en todas y cada una de las tareas que realizamos e integrar permanentemente este ahorro en nuestra dinámica de trabajo, conseguiremos **un ahorro de tiempo continuado y permanente para toda nuestra vida laboral**. Imagina que pudieras reducir sólo un minuto en la corrección de cada examen, test, tarea o actividad de cualquier tipo que corriges. Imagina el resultado potencial a largo plazo en tu trabajo y en tu vida.

Para ello, no tenemos que concentrarnos en conseguir un objetivo concreto en el corto plazo, porque la inercia nos devolverá a rutinas antiguas, sino **concentrarnos en crear un sistema sostenible de hábitos** que funcione desde el momento en que lo pongamos en marcha y se mantenga en el tiempo.

Voy a poner una analogía con la pérdida de peso. Alguna vez he leído: ***"Bajar peso no es difícil, lo difícil es mantenerlo".*** Supongamos que queremos bajar 2-3 kg de peso. No hay soluciones mágicas. Todos sabemos que hay que combinar menos comida y más ejercicio. Hacemos un esfuerzo y durante 1 mes no comemos chocolate, ni dulces, ni carnes grasas, etc. y comenzamos a hacer 1 hora de ejercicio diario. Siendo optimistas, al cabo de un mes hemos conseguido el objetivo pero entonces bajamos la guardia: *"un poco de chocolate no importa", "hoy no salgo a caminar porque no tengo tiempo"*, etc. Progresivamente recuperamos el peso perdido. La razón es que no hemos creado un sistema sostenible.

Para ello, tenemos que cambiar nuestra dieta sustancialmente, lo que implica cambiar los hábitos de compra, las recetas que cocinamos, incluso los horarios a los que comemos. Tenemos también que hacer deporte incorporándolo a nuestra agenda sin importar que nos apetezca más o menos, meterlo obligatoriamente en el horario o tal vez cambiar nuestros hábitos de transporte (usar menos el coche y más la bicicleta).

En resumen, hemos de cambiar todos nuestros hábitos para que se conviertan en permanentes y podamos mantenerlos y así mantener el peso que deseemos. Cambiar los hábitos es extremadamente complicado, por ello dedico el capítulo 7 exclusivamente a este tema, pero **es la única forma de que el ahorro de tiempo se mantenga de forma sostenible** en nuestra dinámica de trabajo.

Como estos cambios no son sencillos, para vencer la inercia de nuestras rutinas previas nos tenemos que ayudar de **factores externos** que nos obliguen a cambiarlas por otras más eficientes. Para ello nos podemos valer de soluciones sencillas como un simple Post-it cerca de la zona de trabajo que nos recuerde que debemos apagar el móvil o de otras soluciones tecnológicas que nos fuercen a cambiar esas rutinas, como una aplicación para nuestro móvil que lo bloquea temporalmente y nos permite focalizarnos en lo que estamos haciendo.

### La Regla de las 3R

Seguro que conoces la regla de las 3R para no generar tantos residuos: **Reducir, Reutilizar, Reciclar.** Pues también es una guía que podemos aplicar a nuestra productividad y evitará que desperdiciemos nuestro tiempo.

La primera R (**Reducir**) es la más importante. Podemos reducir la cantidad de actividades que preparamos, la cantidad de exámenes que realizamos, la cantidad de preguntas en un examen, los cursos de formación que hacemos, etc. **Una mínima reducción aplicada a cada uno de los aspectos de nuestro trabajo permitirá ahorros de tiempo de pequeña magnitud pero que acumulados tendrán un efecto notable.** Cada minuto cuenta.

También hay que integrar en nuestra rutina la **reutilización y reciclaje de materiales** propios o de otros profesores. Siempre es más rápido reutilizar o reciclar una actividad que ya está preparada que tener que generarla nosotros mismos desde el principio. Por ello, antes de preparar una tarea, ficha, test o examen, hemos de acostumbrarnos a verificar si tenemos algo parecido de otros cursos, si podemos usar algo de otro nivel, si podemos pedirlo amablemente a un compañero o podemos descargarlo de internet. De nuevo, ahorraremos tiempo cada vez que **no tengamos que preparar nuestros materiales** y hagamos uso de los que tenemos disponibles.

### Mi historia personal

Soy profesor de secundaria en institutos públicos de Andalucía, España, en los niveles de ESO y Bachillerato (12-18 años), de asignaturas del ámbito de **Biología y Geología** (y habitualmente otras más o menos relacionadas, como **Cultura Científica, Matemáticas, Laboratorio,** etc.). He trabajado desde hace 20 años como docente de estas y otras asignaturas, también en el extranjero. Llevo unos 12 años como funcionario en diferentes institutos, principalmente centrado en enseñanza bilingüe en inglés de estas asignaturas en el nivel de ESO.

Creo necesario mencionar esto porque los ejemplos que aporto se van a referir principalmente a asignaturas con las que he estado trabajando dentro del contexto de la enseñanza secundaria en España. Sin embargo, he tratado de que tanto las estrategias de ahorro de tiempo como los ejemplos sean comprendidas como pautas a seguir y puedan ser fácilmente **generalizables a otros contextos, a otras asignaturas, a otros niveles educativos y a otros países**. También es posible, en cierta medida, aplicar muchas de las técnicas a profesiones no docentes.

### Estructura del libro

Para dar estructura al libro, he agrupado las técnicas en 5 partes. Las tres partes intermedias se corresponden en gran medida a los principales campos de nuestras tareas diarias docentes:

1. **Organización y planificación del tiempo**
2. **Preparación de clases**
3. **Evaluación y calificación**
4. **Tareas administrativas**
5. **Otros consejos y reflexiones**

En cada parte explico y comento varias técnicas de productividad, pongo ejemplos, analizo su uso, ventajas e inconvenientes, etc. Al final de la mayoría de los capítulos hay un apartado para ayudarte a reflexionar y otro con sugerencias para poner en práctica la técnica tratada.

Este libro nació como blog (**www.profesorproductivo.com**), por lo que los capítulos tienen una estructura y estilo característicos de artículos para web, de modo que puede existir cierto solapamiento en los temas que trato. He preferido dejarlo así aunque se repitan algunos temas desde perspectivas diferentes.

Del mismo modo, los artículos originales tienen enlaces a otras fuentes de información. En un mundo digital cambiante, los enlaces concretos varían, y en los libros en papel no se pueden añadir enlaces directos, de modo que he preferido usar un recurso intermedio, marcando con un símbolo (@) cuando considero que puede resultar interesante ampliar información en internet sobre algunos conceptos o términos. Para acceder a los enlaces originales, puedes visitar el blog.

### El secreto para ahorrar tiempo

Quiero dejar una cosa muy clara. Si vienes buscando una fórmula mágica que te ahorre tiempo sin ningún esfuerzo, puedes dejar de leer este libro. No es realista.

En realidad, sí hay un par de técnicas de productividad que tienen un efecto brutal e instantáneo: decir NO a las tareas innecesarias y apagar el móvil mientras trabajamos. Combinadas pueden **reducir fácilmente 1 hora nuestro trabajo diario.** Por esa relevancia las trataré en los dos primeros capítulos.

Sin embargo, la mayoría de los otros métodos tienen un efecto menor y sus resultados son progresivos y acumulativos. Aún así, el efecto sumado de varias de ellas pueden suponer un considerable ahorro de tiempo diario o semanal. Algunas son muy sencillas de poner en práctica y otras más complejas pero tienen un efecto mayor. Dependiendo de las técnicas que escojas y la intensidad con la que las apliques, **puedes ahorrar entre 1-2 horas de trabajo diario.** Mantén esta máxima presente en todo momento: **Cada minuto cuenta.**

Otra aclaración. Estas técnicas de productividad **no son recetas universales que funcionan siempre y para todos,** sino métodos que me han permitido a mí ahorrar tiempo o los he recopilado y quiero compartirlos con más profesores para hacerles la vida más sencilla. La mayoría las he probado y usado en uno u otro momento y unas pocas no las he aplicado porque no se adaptaban a mis circunstancias o modo de enseñar, pero me ha parecido importante mencionarlas por si son útiles para alguno de vosotros. Este aspecto es importante, **algunas técnicas se adaptan mejor a nuestra forma de ser y de enseñar y otras no.** Es como un libro de recetas de comida, unas nos apetece probarlas y otras pensamos que no nos gustarán.

Te propongo que hagas esto: **elige esas técnicas de productividad que te resulten más atractivas y dales una oportunidad de demostrar su potencial contigo.** Las pruebas durante un par de semanas o un mes y valoras los resultados. Si te funcionan, prueba alguna más e incorpóralas en tu rutina de trabajo. **Tengo confianza en que me lo agradecerás en el largo plazo.**

Estoy seguro de que los lectores más eficientes ya conocerán y aplicarán algunas o muchas de estas técnicas, pero basta con que sólo un par de ellas resulten desconocidas y las puedan aplicar a su trabajo diario para que este libro suponga una buena inversión que repercutirá en ahorro de tiempo para el resto de su carrera docente.

Por último, este libro, aún siendo **el primer libro (y blog) de productividad centrado en las tareas docentes en español,** tampoco es un catálogo exhaustivo de TODAS las formas posibles de ahorrar tiempo siendo profesor. Sólo he tratado de dar una visión personal sobre un tema que puede ser útil a otros muchos profesores.

Si tienes otros trucos, por favor compártelos en los comentarios del blog **(www.profesorproductivo.com)** para que otros profesores puedan también beneficiarse y los más interesantes los podré incorporar a futuras ediciones del libro. También podéis usar el blog para aportar sugerencias, opiniones, críticas, etc.

Espero que este libro te resulte de gran utilidad y te permita **ahorrar mucho tiempo para dedicarlo a lo que más desees.**

Guillermo Antón Pardo

Málaga, Noviembre 2021

# PARTE I

# PLANIFICACIÓN Y ORGANIZACIÓN

# 1. RECHAZA TAREAS INNECESARIAS

Si hay una forma rápida y sencilla de reducir el tiempo dedicado al trabajo es **no hacer ninguna tarea que no sea tu obligación o responsabilidad**. Tiene un efecto muy rápido y sustancial en nuestra carga de trabajo.

No estoy animando a dejar de cumplir sus funciones, pero quiero hacerte ver que hay algunas (o muchas) **tareas innecesarias** a las que dedicamos parte de nuestro tiempo y que eliminarlas no suponen ningún problema grave en la calidad de nuestra docencia pero sí suponen un ahorro de tiempo dedicado y un aumento en nuestra calidad de vida. También, por supuesto, si queremos participar en algún proyecto o actividad que nos gusta, aunque no sea imprescindible, somos libres de hacerlo. Me estoy refiriendo a lo que **NO es nuestra responsabilidad y además NO queremos hacer.**

Como problema adicional, si aceptamos realizar tareas no imprescindibles, entramos en una dinámica negativa: las personas que nos rodean se acostumbran a pedir que realicemos estas tareas y sobrecargan aún más nuestra agenda. Esto ocurre porque somos el tipo de personas a las que nos gusta hacer bien las cosas y los demás, digámoslo claramente, **se aprovechan de nosotros en estas circunstancias.**

Veamos algunas situaciones en las que se nos pide trabajo extra que no es estrictamente obligatorio y podemos rechazar. Pero antes, como haré en casi todos los capítulos, un breve resumen de productividad de esta técnica.

### 1. Di no a las excursiones escolares

La excursión en sí no es el problema, sino toda la preparación previa que conlleva: contactar con el museo (o teatro o cine o lo que vayas a visitar), coordinar las fechas y horarios, buscar un autobús, informar a las familias, solicitar el dinero, pedir, recoger y controlar las autorizaciones, volver a solicitar el dinero y las autorizaciones a los rezagados... Consumen mucho tiempo de preparación y, últimamente, **el comportamiento de los estudiantes es pésimo**. Adicionalmente, conllevan una inmensa responsabilidad legal. En mi opinión, los presuntos beneficios pedagógicos de la salida escolar no merecen tanta dedicación. Desde hace mucho tiempo no hago ninguna salvo rarísimas excepciones.

Personalmente las odio desde el día en que una estudiante se puso a "jugar" con un mechero en el autobús y creó un problema muy grave de seguridad para el resto de estudiantes y profesorado acompañante. Ese día decidí no hacer más salidas escolares.

## 2. Minimiza la burocracia absurda e inútil

Nuestra profesión se ha llenado de burocracia inútil en formato papel o digital. Rellenamos informes que **no sirven para nada**, que nadie lee, que a nadie le importan ni le importarán. Sólo parece importar el hecho de que hayan sido completados.

En este caso hay dos opciones.

**A.** Si es obligatorio completar ese papeleo, lo hago pero siguiendo la máxima de muchos de nuestros estudiantes: la ley del mínimo esfuerzo o, como yo la aplico, la **Mínima Burocracia Imprescindible**. Lo redacto con frases muy breves. Lo mínimo necesario para que conste como completado pero sin que me quite mucho tiempo. Desarrollo este tema en el capítulo 23.

**B.** Si no es obligatorio, **simplemente no lo hago y asunto resuelto**.

Este último punto implica que debes ser muy consciente de **cuáles son tus funciones legales como profesor y cuáles no**. Por ejemplo, en uno de los institutos donde he trabajado vino el orientador para que le redactara un informe de uno de los estudiantes porque la familia quería hacerle un seguimiento de nosequé. Le dije simplemente que ese era su trabajo y no el mío y que si quería charlábamos un rato, yo le contaba la información pero que él redactara el informe.

## 3. No pierdas tu recreo

El "recreo" es un **tiempo necesario de descanso** en tu trabajo. Es necesario para desconectar del trabajo, comer algo, socializar con los compañeros o lo que queramos. Nos permite evitar el estrés y mantener nuestra salud mental.

Otra historia que seguramente te sonará. En uno de los grupos donde enseñaba matemáticas, había un par de estudiantes que se despistaban mucho en clase y andaban muy justos con la nota. Les propuse que se quedaran **un par de días en el recreo y les**

**explicaba lo que no entendían**. Al estar en clases "particulares" y con dedicación completa, se centraban y lo entendían, hacíamos algunos ejercicios y conseguían mantener el nivel general del grupo.

El problema es que, al ver que en el recreo yo les dedicaba la atención que requerían, empezaron a despistarse más y más en las clases, dando por sentado que yo les explicaría de nuevo los conceptos que no entendían (porque no prestaban atención...) en sus "clases particulares". Se creó un círculo vicioso en el que los estudiantes asumieron que era mi obligación atenderlos en los recreos y **yo perdía mi precioso tiempo de descanso**. Por supuesto, dejé de hacerlo y la madre de uno de ellos me preguntó por qué *"no le explicaba a su hijo lo que necesitaba para aprobar"*...

### 4. Limita los seguimientos de estudiantes

Es razonable que las familias nos pidan información sobre sus hijos a los tutores. No es razonable que nos pidan un seguimiento exhaustivo porque **sus hijos no les comunican las tareas, las fechas de exámenes, las notas, etc**. Para compensar esta falta de comunicación con sus hijos, insisten en que los tutores "debemos" mandarles notificaciones con esta información de modo casi continuo y delegan esta responsabilidad en nosotros. Pero **no somos los secretarios de nadie**, así que cuando alguna familia me sugiere que lo haga de forma intensiva, simplemente lo rechazo y les explico que no es mi obligación.

### 5. Nuestra habilidad personal

Todos tenemos una habilidad que otras personas buscan en algún momento. Esto hace que los profesores de Plástica siempre acaben encargándose de adornos y carteles de todo tipo y los de Música de coordinar actuaciones variadas que no son su obligación.

En mi caso, yo he creado y mantenido **blogs de la asignatura de ciencias** en algunos de los institutos donde he trabajado porque me resultaba conveniente a diferentes niveles, principalmente para centralizar la información para estudiantes. En alguna ocasión, otros profesores me pidieron que les creara el blog de sus asignaturas y les subiera los materiales cuando lo necesitaran. Mi respuesta fue que, si querían, yo les enseñaba a crear su propio blog y les indicaba tutoriales en internet donde aprender más, pero que no me hacía responsable de mantenerlo porque esto supone un trabajo extra considerable que no estoy dispuesto a realizar. Una cosa es hacer un favor ocasional y otra que nos pidan constantemente que hagamos el trabajo de los demás.

### 6. Encuentra tu propio equilibrio

Por el tono del capítulo parecería que **me niego a ayudar a los demás.** Pero en absoluto es así. Simplemente **he entendido el valor de mi tiempo** y no quiero dedicarlo a nada innecesario. Como habrás leído: ***"Decir no a lo superfluo nos deja tiempo para lo importante".*** Es cuestión de tener muy claras tus prioridades.

En el aspecto social, no estoy diciendo que seamos los antipáticos que no hacen nada por otras personas. Soy muy **partidario de compartir y colaborar** ya que es una filosofía que defiendo y esto resulta en un ahorro importante de tiempo, como explico en el capítulo 11.

Evidentemente, hay momentos y situaciones en las que todos aceptamos algún compromiso por razones variadas, pero debería **ser excepcional y no la norma** o caeremos en una dinámica negativa de **falta de tiempo para nosotros porque lo dedicamos a otras personas.**

Adicionalmente, entiendo que hay situaciones laborales en las que los cargos superiores encomiendan tareas innecesarias o fuera de nuestra competencia y **tenemos que hacerlas para evitar el despido.** Pienso en colegios e institutos privados y concertados donde hay libertad de contratación. En caso de conflicto tan crítico, por supuesto no podemos arriesgarnos a perder el empleo. Sin embargo, deberíamos reflexionar si es el puesto de trabajo que queremos tener en el largo plazo.

## 7. Otras cosas que podemos rechazar:

- Viajes "de estudios"
- Actividades fuera del horario lectivo
- Reuniones no obligatorias
- Proyectos de intercambios escolares
- Cursos y grupos de trabajo voluntarios organizados por la administración
- Entrevistas innecesarias con familias
- Tutorización individual de estudiantes

## 8. Di NO también en tu vida personal

Si **te has sentido identificado** por las situaciones que he contado y crees que aceptar tareas innecesarias es uno de los agujeros negros por los que **se te escapa el tiempo**, es muy posible que también ocurra en tu vida personal. Aceptas hacer algo **por compromiso** sin tener en cuenta cómo repercutirá en el tiempo que tienes. Te apuntas a hacer algo por la **presión social** de tus conocidos. En algunos casos son nuestras propias familias y amistades las que nos piden que les hagamos un favor y **no sabemos rechazar** por los vínculos emocionales que nos unen.

Sin embargo, si nos detenemos a reflexionar y valorar qué es lo importante, también debemos aprender a rechazar lo que no nos parezca prioritario. Ganaremos tiempo, pero sobre todo, **ganaremos bienestar.**

## 9. Formas sencillas de decir NO

Si buscas en internet, encontrarás **muchísima información sobre este tema** y muchos materiales que te pueden resultar de más utilidad. (@ → *"Aprende a decir que no"*) Hay material muy específico y más elaborado, por lo que sólo resumiré algunos puntos clave.

El aspecto que yo considero más importante es que **no nos tenemos que sentir mal por decir NO.** Muchas veces decimos que SÍ porque **queremos evitar el conflicto,** el enfrentamiento o el mal trago que supone rechazar algo. Pero es **nuestro tiempo el que está en juego** y tenemos todo el derecho a gestionarlo como así lo decidamos. **El tiempo perdido no se recupera jamás.** Si aceptamos esta premisa, todo será más fácil y no nos sentiremos tan mal al rechazar propuestas.

Me limitaré a nombrarte algunas de las fórmulas más sencillas que yo uso y que te pueden resultar útiles.

- *No, no tengo tiempo.* La más directa y sencilla. Si alguien no entiende que no tenemos tiempo, no hay nada más que explicar…

- *No, eso no forma parte de mis obligaciones.* De hecho, si no es tarea tuya, no deberían pedirte que lo hagas.

- *Deja que lo piense y ya te contestaré.* Siempre es más fácil retrasarlo y rechazar más tarde a través de mail o WhatsApp

- *Yo no, pero tal vez esta persona te pueda ayudar con eso.* Así damos opciones a quien nos lo pide.

De acuerdo a mi experiencia, es mejor **no dar explicaciones** de porqué no podemos hacerlo ya que damos pie a que intenten desmontarlas aportando otros argumentos. También, es cierto, va con mi carácter ser así de directo. Seguro que, si te lo propones, encuentras la forma de decir NO que te acomode y comienzas a **ganar tiempo para ti.**

## REFLEXIONA

---

- ✔ ¿Eres de los que aceptan tareas innecesarias en tu trabajo? ¿Y en tu vida?
- ✔ ¿Cuánto tiempo semanal estimas que dedicas a hacer este tipo de tareas?
- ✔ ¿Cuánto tiempo pierdes en tu vida personal con los compromisos que adquieres?
- ✔ ¿Por qué no consigues decir que NO?

- ✔ ¿Qué tipo de tareas no sabes rechazar?
- ✔ ¿Con qué personas no sabes decir que NO?
- ✔ ¿Qué tareas de las que estás haciendo ahora mismo podrías haber evitado?
- ✔ ¿Qué estrategias para decir NO podrías usar?
- ✔ ¿Realizas excursiones escolares?
- ✔ ¿Te quedas sin el recreo para ayudar a estudiantes?

## PRACTICA

---

- ✔ Haz una lista de cosas del trabajo que no son estrictamente necesarias y podrías rechazar
- ✔ Apunta cuánto tiempo semanal podrías ahorrar en cada una
- ✔ Busca la forma de rechazarlas ya
- ✔ Prepara un par de respuestas sencillas para decir NO cuando te lo pidan
- ✔ Escribe en un Post-it: **"Nada de excursiones"** y pégalo en tu ordenador o en tu zona de trabajo

## 2. EVITA LAS DISTRACCIONES

Si queremos ser productivos, hemos de conseguir que el tiempo que dedicamos sea **tiempo efectivo de trabajo** y no estemos constantemente distraídos por otras actividades paralelas como redes sociales, TV, mail, llamadas telefónicas, mascotas, tareas domésticas...

En ocasiones será imposible centrar toda nuestra atención en el trabajo. Sin embargo, siempre que las circunstancias lo permitan, debemos **evitar todas las distracciones**, mantener la concentración en lo que estemos haciendo en ese momento y así ahorraremos tiempo total.

**RESUMEN DE PRODUCTIVIDAD**
- ✔ **Dificultad de poner en práctica:** Ninguna
- ✔ **Tiempo necesario para comenzar a usarla:** El que nos cuesta guardar el móvil en un cajón
- ✔ **Potencial de ahorro:** Variable, en función de nuestras distracciones. Generalmente alto o muy alto
- ✔ **Velocidad de obtención de resultados:** Inmediatos

## 1. Consejos básicos

Es fundamental tener en cuenta algunos consejos básicos previos respecto a planificación y organización del tiempo que pueden ayudarnos a mantener la concentración:

- **Cambiar de espacio de trabajo.** Si estamos en una habitación donde hay una televisión funcionando, es difícil concentrarse. También si en la habitación hace frío o calor. **Busca un espacio tranquilo y específico para trabajar.**

- En otras ocasiones, se trata de **elegir los tiempos** en los que tenemos mejor rendimiento. Si eres **madrugador o trasnochador**, adapta tus períodos de trabajo y ocio a estas características.

- **Elimina o minimiza todos los distractores** externos que puedas. Por ejemplo, si tu perro te entretiene cuando corriges, déjalo en otra habitación. Si la televisión te distrae, apágala. Más adelante hablaremos extensamente del móvil.

- Trabaja por bloques temáticos. **Evita la multitarea.** Serás más eficiente. (Mira también el capítulo 5)

- Crea una buena **rutina de pausas** para evitar saturar tus períodos óptimos de atención. Si necesitas una pausa, descansa o no conseguirás el mismo rendimiento.


## 2. Apaga el móvil

Actualmente, el teléfono móvil **es el principal distractor de nuestra vida.**

Como profesores y tutores lo tenemos clarísimo: cuando las familias se quejan de las notas de sus hijos y nos dicen que "**se pasan la tarde enganchados al móvil**", lo primero que recomendamos es que no les permitan tener el móvil durante el tiempo de estudio.

Sin embargo, muchos de nosotros no seguimos este sabio consejo y nos ponemos a preparar clases o a corregir tareas con el móvil en la mesa, a la vista y activo, lo cual nos distrae muchísimo y hace que el tiempo total dedicado no sea realmente el tiempo efectivamente trabajado y creando en nosotros la **frustrante sensación de que hemos dedicado muchas horas.**

El uso del móvil de forma incontrolada puede añadir 30-45 minutos innecesarios a nuestras sesiones diarias de trabajo, sumando el tiempo que nos quita directamente junto al tiempo que nos cuesta retomar la concentración y el efecto del cansancio al tener que estar más tiempo total trabajando para recuperarlo. Por tanto, **trabajar sin las distracciones del móvil cercano puede devolvernos ese tiempo.**

Las razones de esta distracción son muchas y muy variadas, cada cual tiene las suyas: mensajes de **WhatsApp, Twitter, Instagram, Pinterest, TikTok y Facebook, nuevos mailes que entran, elegir la música, llamadas telefónicas, videojuegos, etc.** Incluso si son mensajes relacionados con el trabajo, nos suponen una disrupción de la tarea que estamos completando y una pérdida final de tiempo.

La solución a este problema es muy sencilla (y complicada a la vez): **poner el móvil en silencio y dejarlo fuera de nuestra vista.** No sirve dejarlo en vibración, porque notaremos la entrada de las notificaciones y nos despistaremos. Hay que silenciarlo por completo. Y tampoco sirve tenerlo en silencio a la vista, porque las notificaciones encenderán la pantalla y también nos distraeremos.

Si queréis comprobar el grado de interacción que tenéis con el móvil, podéis hacer esta prueba: seguid vuestra rutina habitual de trabajo con el móvil encendido. Cada vez que entre una notificación de cualquier red social o mail o cada vez que uséis el móvil para lo que sea, marcáis una rayita en un papel. Así comprenderéis el nivel de distracción que puede suponer y la pérdida de tiempo que lleva acompañado. Si sois más disciplinados y rigurosos y queréis ir más allá, anotad el tiempo dedicado a cada interacción con el móvil y sumadlo al final. El resultado os puede sorprender.

Sólo cuando terminemos la tarea o el bloque que nos hayamos marcado como objetivo, entonces **haremos una pausa y podremos recuperar el móvil** para revisar nuestras redes sociales, contestar los mailes personales, devolver llamadas, etc.

### Aplicaciones que bloquean el uso del móvil

Para empezar, podemos configurar el control parental que viene en serie en nuestro móvil para **limitar los horarios o tiempos de uso** de ciertas aplicaciones, preferiblemente aquellas a las que estemos más "enganchados". La función de **control parental** la podemos encontrar en los *Ajustes* de nuestro móvil. (@ → *"Configurar el control parental del móvil"*).

Existen algunas aplicaciones que, tras ser instaladas, nos permiten **bloquear otras aplicaciones o usos del móvil** por el tiempo que nosotros elegimos. De esta forma, nos centramos en lo que estamos haciendo y nos ayuda a evitar las distracciones causadas por el teléfono. (@ → *"Aplicaciones para bloquear el móvil"*).

Existen varias de ellas, muchas de ellas gratuitas con diferentes características. Yo he probado y usado **Forest** (@ → *"App Forest"*), una aplicación sencilla que usa la gamificación para mantenernos concentrados. Durante el tiempo en que no usamos el móvil un árbol virtual que hemos plantado va creciendo. Si sales de la aplicación y usas el móvil, el árbol muere... De este modo, vas plantando un bosque (*"forest"*, en inglés) con los árboles que crecen. Permite un seguimiento de nuestro ahorro de tiempo con el móvil y, si queremos, compartirlo con otras personas.

Parece un contrasentido usar aplicaciones del móvil para limitar el uso del móvil, pero pueden ser útiles para ciertos perfiles de personas, por eso las nombro. Si tenéis hijos enganchados al móvil, puede ser una forma práctica de reducir el uso.

### 3. Usa dos navegadores en el ordenador

Ya hemos eliminado el móvil y sus distracciones. Pero, ¿qué ocurre cuando estamos **trabajando con el ordenador** (preparando clases o exámenes o buscando material) y tenemos internet a un clic de distancia?

Evidentemente, nada salvo tu fuerza de voluntad puede impedir que desconectes de la tarea que estás haciendo y te metas en internet a procrastinar de la manera que más te guste, pero si estás leyendo este libro es porque intentas evitarlo y eres consciente de que **si aprovechas ahora tu tiempo de trabajo, tendrás más tiempo libre después.** Cada minuto cuenta.

En el caso del ordenador, el principal distractor es internet. Por tanto, **la primera regla es no acceder a internet** si no es absolutamente imprescindible. **No abras el navegador por inercia** si no necesitas trabajar con él. *"Evita la tentación y evitarás el pecado".* Puedes colocar un Post-it pegado al ordenador recordándolo: **"NO abras internet".**

Cuando sí necesitamos usar internet, mi consejo es sencillo: **usa dos navegadores, uno para todos los temas de trabajo y otro para todos los personales.** Yo generalmente uso *Chrome* y *Firefox*, respectivamente, aunque he probado también otros navegadores y combinaciones: *Edge, Opera, Chromium*, etc. (@ → *"Navegadores para internet"*).

• En el navegador que uso para el trabajo sólo tengo todos los marcadores (o favoritos) que utilizo para el trabajo y **ninguna red social** (que son las que más tiempo nos distraen), de forma que evito todas las distracciones personales.

• En el navegador personal los marcadores no incluyen **nada** relacionado con el trabajo.

• El único punto de duplicidad es **gmail**, donde combino una cuenta de trabajo (generalmente la asignada por el instituto) y varias cuentas personales. Mantengo abierta la cuenta de trabajo en Chrome y las personales en Firefox.


De esta forma simple me fuerzo a estar más centrado cuando uso internet en el ordenador. No es una solución perfecta, pero ayuda.

A partir de la pandemia del coronavirus, algunas administraciones y centros de trabajo han **proporcionado portátiles o tablets a los docentes.** Esta es también una forma sencilla de compartimentar el trabajo en estos dispositivos y reservar nuestro propio ordenador (o tablet) para nuestra vida personal. Pero hemos de ser estrictos: nada de Facebook o Instagram (o lo que te quite más tiempo a ti...) en la tablet del trabajo o multiplicaremos la pérdida de tiempo.

Como ves, tanto en el caso del móvil como en el de internet en el ordenador, se trata de combinar la fuerza de voluntad propia con factores externos que nos fuercen a evitar las distracciones.

### Bloqueadores de internet y publicidad

Existen aplicaciones que instalamos en nuestro ordenador y **bloquean el acceso a internet** durante un tiempo determinado o a determinadas páginas. Podemos configurarlos nosotros mismos. Tienen su origen en la limitación del acceso para niños (Control parental) o personas con adicción. Puede resultar una solución un tanto drástica, pero útil en algunas situaciones. (@ → *"Bloqueador de internet"*).

Si eres de los que se distraen con facilidad cuando navegas por internet buscando materiales para tus clases a causa de los **numerosos anuncios** que aparecen en las webs a las que accedemos, entonces quizás te resultaría práctico instalar un bloqueador de anuncios en tu navegador. Es una aplicación (o extensión) que se instala en el navegador y que hace precisamente eso: **bloquea los anuncios y la publicidad que aparecen en las webs** que visitamos, evitando que nos distraigan y permitiendo que nos centremos en el contenido que estamos buscando o consultando. *Addblock* es uno de los más conocidos y usados, pero existen otros que puedes instalar. (@ → *"Bloqueador de anuncios"*).

### 4. Elige una buena música

El efecto de la música en el rendimiento de los estudiantes es uno de las dudas que más nos preguntan las familias cuando somos tutores, escandalizadas porque sus hijos llevan los auriculares puestos todo el día. Yo intento orientar con sentido común de la misma forma que lo aplico a mí mismo: **hay música que distrae y música que ayuda a concentrarse**, y lo que funciona para mí sólo lo he aprendido con la experiencia.

- En general, si pongo canciones **que entiendo** (español e inglés, principalmente) tiendo a seguir la letra en mi cabeza y me distrae de lo que estoy haciendo.

- También si la música tiene un **ritmo acelerado**, pierdo el estado de concentración.

- Si la música no tiene letra o no la entiendo, entonces me sirve como **fondo neutro** y simplemente la ignoro, pero tampoco me beneficia. Esto me pasa a mí con la música clásica.

- Hay **estilos de música que son muy apropiados para concentrarse**, estudiar, programar, etc., es decir, para realizar trabajo intelectual y a mí personalmente me resulta muy útil.

A poco que busques en Youtube (o cualquier otra plataforma de música que uses: Amazon Music, Spotify, etc.) podrás encontrar lo que digo. Pero esto es muy personal y cada uno debería encontrar el estilo musical que le ayuda a ser más eficiente. (@ → *"Música para concentrarse/programar/estudiar"*)

Como píldora final de sentido común sobre la música: simplemente haz la prueba. Corrige un día un examen con música y otro sin música de fondo para ver cómo tardas menos, o selecciona diferentes tipos de música y comprueba tu grado de concentración mientras trabajas escuchándola. Comprueba tu productividad. Si **puedes ahorrar tiempo** de un modo tan sencillo como escuchar un estilo de música te ayuda a concentrarte, deberías aprovecharlo. Cada minuto cuenta.

## REFLEXIONA

✔ ¿Tienes un espacio para trabajar donde puedes concentrarte?

✔ ¿Eres de los que trabajas mejor por la mañana, por la tarde o por la noche?

✔ ¿Haces pausas cuando las necesitas?

✔ ¿Cuáles son tus principales distracciones mientras trabajas?

✔ ¿Tienes el móvil cerca o lo usas mientras trabajas?

✔ ¿Cuáles son las principales distracciones procedentes de tu móvil?

✔ ¿Te distraes con internet cuando usas el ordenador para trabajar?

✔ ¿Qué estilo de música te distrae y cuál te ayuda a concentrarte y ser más productivo?

## PRACTICA

---

✔ Escribe en un Post-it: **"Apaga el móvil"** y pégalo en el ordenador o cerca de tu zona de trabajo como recordatorio

✔ Escribe en un Post-it: **"No abras internet"** y pégalo en el ordenador o cerca de tu zona de trabajo como recordatorio

✔ Haz una lista ordenada de las 3 principales distracciones que te quitan tiempo mientras trabajas y trata de evitarlas

✔ Prueba durante una semana a guardar el móvil apagado en un cajón mientras trabajas y valora el tiempo ahorrado

✔ Descarga un segundo navegador en el ordenador y úsalo exclusivamente para tus temas personales

✔ Busca en Youtube o tu aplicación favorita aquellos estilos de música recomendados para reforzar la atención y concentración y elige uno que funcione contigo

# 3. PLANIFICA Y ORGANIZA TU TIEMPO

Si buscas técnicas de **productividad** general o personal en cualquier web o libro especializado (@ → *"Técnicas de productividad"*), uno de los pilares fundamentales en todas ellas es la importancia de una buena **planificación de nuestras tareas y una mejor organización del tiempo.**

- Si planificamos correctamente nuestro trabajo, sabremos **lo que tenemos que hacer en cada momento** sin pausas intermedias para la toma de decisiones. Crearemos una dinámica de trabajo fluida sin interrupciones y sacaremos más rendimiento al tiempo empleado

- Si organizamos correctamente nuestro tiempo, conseguiremos **aprovechar eficientemente el tiempo** empleado, completar las tareas en menos minutos y disponer de más horas para nuestra vida personal. Adicionalmente, aportará orden y bienestar en nuestras vidas.

---

### RESUMEN DE PRODUCTIVIDAD

✔ **Dificultad de poner en práctica:** Sencilla. Basta con usar una agenda y una lista de tareas

✔ **Tiempo necesario para comenzar a usarla:** Podemos empezar ya

✔ **Potencial de ahorro:** Medio

✔ **Velocidad de obtención de resultados:** Inmediata

## 1. Elige tus espacios y horarios, si puedes

A mí me cuesta mucho madrugar o ponerme a hacer alguna tarea compleja justo después de comer. Sin embargo, no me importa quedarme trabajando por la noche o corregir unos tests rápidos mientras me tomo un té tras la comida. También puedo corregir tests dentro de un aula al mismo tiempo que vigilo un examen de un grupo, pero no puedo preparar clases en esas circunstancias. Me cuesta trabajar cuando hay gente alrededor o con la TV funcionando. Sin embargo, no me molesta tanto el ruido ambiental del tráfico o de música. Prefiero corregir en casa y preparar las clases en el instituto….

Cada uno de nosotros sabe **cuándo es más productivo y cuándo es mejor descansar**, cuándo podemos alargar el tiempo para terminar una tarea y cuándo es mejor hacer una pausa y continuar más tarde. También **dónde somos más productivos y dónde nos distraemos con más facilidad**. Tenemos que aprovechar este autoconocimiento para elegir los momentos del día y los espacios en los que ponernos a trabajar.

Cuando no tenemos otras limitaciones (familia, obligaciones domésticas, horarios fijos de hobbies, etc.), es mejor organizar nuestros tiempos de forma que **aprovechemos estos picos de productividad personal** y dejemos los momentos de baja concentración para actividades no laborales.

- ¿Y si aún **no tenemos claro cuándo somos más productivos** porque llevamos poco tiempo trabajando en la enseñanza? En este caso, lo lógico es **probar varias opciones** y analizar los resultados, hasta quedarnos con lo que más nos beneficie.

- ¿Y si **no podemos elegir nuestros horarios y espacios**? Pues no hay más remedio que adaptarse y sacar el máximo partido de lo que tenemos, empezando por todas las otras herramientas de ahorro de tiempo que encontrarás en este libro. Mira también el capítulo de **ultraproductividad** (Capítulo 33).

## 2. Planifica con suficiente antelación

Tanto en la vida personal como en nuestro trabajo, es mejor **anticipar con suficiente tiempo** lo que tendremos que hacer para así poder distribuir los horarios adecuadamente y buscar las formas en que podemos ahorrar tiempo en esas tareas.

Uno de los problemas que encontramos en la actualidad en nuestro trabajo (y vida personal) es que constantemente estamos **atendiendo a lo que es urgente sin importar si es importante o no**. Esto ocurre porque no podemos planificar con tiempo nuestras acciones. Somos bomberos que vamos **"apagando fuegos"** tal y como van surgiendo sin encontrar el momento necesario para detenernos, reflexionar y planificar de forma correcta nuestras acciones, que sería lo recomendable.

Por ejemplo, sabemos que cuando terminamos un tema vamos a pasar un examen. Si estimamos que dentro de una semana terminaremos el tema, sabemos que unos días después tendremos que preparar el examen. Tenemos varias soluciones para **ahorrar tiempo en la preparación del examen:**

- Si compartimos asignatura del nivel con otros compañeros del departamento, podemos preguntarles si tienen algo preparado que nos puedan pasar.

- También tenemos tiempo para buscar entre nuestros materiales digitales almacenados y ver si tenemos algo preparado de otros años.

- Podemos buscar entre los materiales que proporcionan las editoriales de los libros de texto, donde frecuentemente hay pruebas de evaluación.

- Podemos buscar en internet para ver si encontramos algún examen preparado que resulte apropiado.


Es decir, **a mayor antelación en nuestros planes, más opciones** para encontrar soluciones que nos ahorran tiempo. Lo mismo es aplicable a tareas, tests, materiales, etc.

Si no tenemos esto bien planificado y se acerca la fecha del examen, tendremos que **usar lo primero que encontremos**, lo que implica que tal vez no sea lo más adecuado, o tendremos que prepararlo nosotros mismos, con la considerable pérdida de tiempo.

Otro ejemplo son las correcciones de exámenes, que implican bastante dedicación horaria. Si coinciden muchos exámenes para corregir en pocos días, nuestro horario de trabajo se satura y nos deja poco margen para otras cosas. Esa semana no tendremos más tiempo que para corregir los exámenes acumulados. En ocasiones, es mejor **repartir los exámenes en varios días separados** o atrasar alguno a la semana siguiente para poder tener una agenda más relajada. Planificar ahorra tiempo.

### Uso de la agenda

Para planificar nuestro trabajo, **la herramienta más sencilla es la agenda en papel o digital.** Al principio de la semana (o final de la semana anterior) dedicamos unos minutos a apuntar en la agenda lo que prevemos que tendremos que hacer cada jornada, compatibilizándolo con todas nuestras actividades personales. No me extenderé con detalles de su uso, doy por supuesto que todos la usamos habitualmente. (@ → *"Cómo usar la agenda"*).

Si eres de los que le gustan usar aplicaciones de productividad, puedes usar **apps de agenda o calendario** (@ → *"Apps de calendario/agenda"*) y existen otras que te permiten organizar tu tiempo por bloques, con listas de tareas con tiempos asignados, etc. No creo que sean imprescindibles, (Yo uso **agenda clásica de papel y lápiz para mi lista de tareas diarias**) pero pueden ayudarte, sobre todo si ya usas algo parecido y te resulta sencillo adaptarlo.

Si os animáis por un formato digital, puede ser interesante el uso de **Google Calendar** ya que permite la sincronización con nuestro gmail, con las reuniones online en Meet y con las tareas de nuestras clases en Google Classroom. (@ → *"Cómo usar Google Calendar"*).

## 3. Asigna un tiempo concreto de trabajo a cada tarea cada día

Estoy seguro de que te ha pasado esto: Tienes varias cosas que hacer y la primera por la que empiezas se extiende ocupando gran parte del tiempo y te deja mucho menos de lo necesario para las otras, así que las haces rápido y mal o las retrasas para otro momento. Este fenómeno se conoce como la "**Ley de Parkinson**" que normalmente se formula diciendo que "**el trabajo se expande hasta llenar el tiempo disponible para que se termine**" (@ → "*Ley de Parkinson*"). Esto ocurre porque no le habías asignado un **tiempo límite** para su ejecución y se expande sin control, evitando que completes las demás. Además de hacer una pequeña lista en la agenda (o en un papel) con lo que tenemos que terminar cada día, debemos asignarle un tiempo razonable máximo de ejecución para completarla.

Os pongo **un ejemplo genérico**:

- Revisar brevemente y priorizar lo que tenemos que hacer en hoy: 5 minutos
- Preparar las clases del día siguiente: 20-25 minutos (4-5 minutos de preparación de cada clase)
- Corregir dos tests: 20 minutos
- Seleccionar videos: 25 minutos
- **Tiempo estimado total:** 75 minutos


No es necesario explicitarlo o ponerlo por escrito, puede ser una simple asignación mental, pero sí debemos tenerlo presente cuando nos ponemos a trabajar, de forma que **no sobrepasaremos los tiempos asignados** y así nos sentiremos mejor por cumplir los objetivos que nos hemos marcado.

Por supuesto, cuando comenzamos y nos falta experiencia, no siempre podemos estimar con exactitud cuánto nos llevará cada tipo de tarea y nos preguntamos: "*¿cuánto tiempo lleva corregir un examen estándar? ¿y un test? ¿cuánto me llevará preparar una clase?*". Pueden ser preguntas tontas para un profesor veterano pero una duda básica y razonable para alguien que empieza. Tampoco se pueden dar respuestas generales pues varían mucho según nuestro modo de ser, trabajar, enseñar, evaluar, etc. Sin embargo, pronto nos adaptaremos y sabremos **estimar estos tiempos con soltura y precisión.**

### 4. Estructura FDF: Fácil-Difícil-Fácil

Creo que es necesario tener en cuenta un aspecto importante y básico en la realización de tareas: nos cuesta arrancar y al cabo del tiempo nos cansamos. Por lo tanto, a la hora de organizar nuestras sesiones, aplicaremos la **estructura FDF: Fácil-Difícil-Fácil.**

• Recomiendo siempre comenzar por alguna tarea fácil, sencilla o breve, que nos sirva de **calentamiento** y nos sitúe en "modo trabajo".

• Atacamos, cuando ya hemos "calentado", las tareas más complejas o que requieran **más atención**, por lo que nos cansan más.

• Dejaremos algunas tareas más fáciles o **sencillas para el final**, cuando nuestro cerebro ya no está tan fresco y hemos perdido el impulso.

En general, las tareas de **preparación de clases y las administrativas** me resultan más sencillas (**Fácil**) y las realizo indistintamente al principio o final de mis sesiones, mientras que las tareas de **corrección y evaluación** requieren mayor nivel de concentración (**Difícil**) y las coloco en la parte central de mis sesiones de trabajo. Supongo que esta gradación de dificultad será parecida también para ti.

### 5. Los descansos son necesarios

No te venderé la técnica ***Pomodoro*** (@ → "*Técnica pomodoro*"), aunque la nombro por si no la conoces y te puede resultar útil. Sin embargo, esta técnica hace incidencia en algo muy obvio que a veces olvidamos: **hay que descansar.**

**Somos más productivos si hacemos pausas.** No podemos trabajar sin pausas o nos agotaremos mentalmente y, al final de cada semana, acumularemos estrés. Cada uno de nosotros tiene sus ritmos y debe adecuar las pausas a sus características propias. Tampoco podemos abusar de las pausas o cortaremos el ritmo de trabajo, sobre todo si estamos con algo que requiere más atención.

Yo hago **pausas breves de 5-10 minutos cada 40-50 minutos** (con flexibilidad).

- **¿Qué hago en las pausas?** Voy al baño, completo breves tareas domésticas (poner la lavadora o lavavajillas, tender la ropa, doblar la ropa,...), miro por la ventana, bebo o como algo, escribo la lista de la compra, reviso rápidamente el móvil, hago estiramientos musculares, etc. En definitiva, acciones que me permiten desconectar ligeramente pero no totalmente de la tarea que estoy realizando para poder volver a engancharme sin tensiones.

- **¿Qué NO hago en las pausas?** No me pongo a ver un programa largo de TV, no hago deporte intenso, no reviso todas mis redes sociales, no leo ni respondo mailes personales, no hago tareas domésticas complejas (fregar los platos, pasar la aspiradora,...), no procrastino en internet, etc.

Si estoy más de 1,5-2 horas en alguna sesión, hago una **pausa más larga de 20-25 minutos** (entonces sí reviso mis redes sociales o los mailes personales) y después continúo.

Si somos el tipo de personas que olvidamos hacer pausas, podemos poner una **alarma** que nos lo recuerda o pedirle a **Alexa** (o nuestro asistente de conversación: **Siri, OKGoogle**) que nos avise al cabo de 40 minutos, por ejemplo.

### 6. ¿Cómo planificar la corrección de exámenes?

Corregir exámenes es lo peor. **Necesitamos bastante tiempo**, generalmente entre 1 y 2 horas para un grupo completo (Cálculo rápido: 3-5 minutos por examen y 25-30 estudiantes por grupo) y además **necesitamos atención y concentración**: las notas de los exámenes serán revisadas y pueden ser cuestionadas por estudiantes y familias, por lo que hemos de ser muy cuidadosos. Cada profesor tiene su estrategia para corregirlos.

Te cuento cómo me organizo yo, aunque esto puede resultar muy variable para cada asignatura, tema, tipo de examen, etc., y puede ser diferente para tu caso particular.

• Nunca dejo más de una semana entre la realización del examen y su corrección. De esta forma aún tengo frescos en mi mente los contenidos que debo evaluar y así los corrijo más rápidamente.

• Cuando tengo que corregir un examen, **reservo un par de horas** y no hago otra cosa si no es absolutamente imprescindible (por ejemplo, preparar las clases del día siguiente suele ser imprescindible, pero puedo aplazar las respuestas a mailes de familias) y trato de completar la corrección en ese bloque de tiempo asignado.

• No corrijo si creo que no voy a terminar el grupo completo en el mismo día. Esto me crea la sensación subjetiva de "malgastar" dos días en la corrección en lugar de uno solo.

• Normalmente hago una pausa cuando tengo algo más de la mitad del grupo corregido (la segunda parte siempre me cuesta más) y, cuando termino, dedico 5 minutos a revisarlos todos rápidamente.

• Transcribo las calificaciones al cuaderno de notas.

• Cuando termino, estoy agotado mentalmente, así que hago una merecida pausa larga.


Los exámenes generalmente no tienen "fecha de entrega", salvo que estemos a finales de trimestre, así que permiten cierta **flexibilidad en su planificación**. No hay que dejarse presionar por los estudiantes que quieren ver sus calificaciones lo más pronto posible, sino situar su corrección cuando tengamos el tiempo necesario para hacerlo adecuadamente y en **el momento más conveniente de nuestra agenda**.

Busca también los consejos en la Parte III, sobre todo los capítulos 12 y 13, para ahorrar el máximo tiempo posible en su preparación y corrección.

# REFLEXIONA

- ✔ ¿Sabes dónde y cuándo eres más productivo?
- ✔ ¿Planificas con tiempo tus tareas?
- ✔ ¿Usas agenda? ¿En papel o digital?
- ✔ ¿Haces una lista para lo que tienes que hacer en cada sesión?
- ✔ ¿Cómo ordenas las actividades de la lista? ¿Aleatoriamente? ¿Cómo priorizas?
- ✔ ¿Haces pausas cuando trabajas? ¿Cada cuánto tiempo? ¿Cuánto duran? ¿Qué haces en ellas?
- ✔ ¿Cómo planificas y organizas tú la corrección de exámenes?

# PRACTICA

- ✔ Si no tienes agenda de papel ni usas una aplicación de calendario para móvil, hazlo ya
- ✔ Organiza tu próxima sesión de trabajo para que siga la estructura FDF
- ✔ Organiza tus sesiones de trabajo para incorporar pausas obligatorias. Pon una alarma para recordarlas

# 4. NO REPITAS TAREAS

En algunas ocasiones, tenemos que repetir o rehacer una tarea porque no lo hemos hecho de la forma correcta la primera de las veces. Esto conlleva repetir tareas y dedicar más tiempo a lo que podríamos **haber hecho bien en primer lugar**.

Hay un refrán que dice "**Más vale un sorbito de experiencia que un trago de sabiduría**", señalando lo importante que es aprender por nosotros mismos de los errores que cometemos. Pero no siempre hemos de cometer fallos si tenemos información que nos ayuda a hacer las cosas de forma eficiente desde el primer momento. Podemos aprender de los errores de los demás y nos quedamos con las conclusiones de su aprendizaje sin sufrir la pérdida de tiempo asociada. Voy a poner algunos ejemplos para que aprendas de mis errores y trates de no cometerlos.

---

## RESUMEN DE PRODUCTIVIDAD

✔ **Dificultad de poner en práctica:** Ninguna dificultad

✔ **Tiempo necesario para comenzar a usarla:** Sólo dedicar un tiempo de reflexión previo antes de cada tarea

✔ **Potencial de ahorro:** Bajo pero sostenido en el tiempo

✔ **Velocidad de obtención de resultados:** Cuesta un poco ver los primeros ahorros de tiempo

**1. Pide toda la información antes de comenzar la tarea**

En uno de los institutos donde trabajé, el coordinador del programa de bilingüismo me pidió que le pasara las **unidades didácticas** que yo iba a trabajar en los diferentes grupos, así que cogí las que tenía de otros cursos, las actualicé un poco y se las envié. Resulta que había que **seguir una estructura y formato específicos** que no eran los que yo tenía. Tuve que repetirlas para ajustarme a los requisitos.

En otra ocasión, la orientadora me pidió que redactara un informe de seguimiento de un estudiante. Hice lo que me pedía y se lo mandé por mail. En este caso, el contenido del informe era correcto pero había que **subirlo en formato pdf a un apartado específico de la intranet** del centro.

Estos dos ejemplos no me supusieron ninguna pérdida irremediable de tiempo, pero sí un retraso y cierta frustración y me llevaron a **preguntar siempre con detalle exactamente lo que tengo que hacer**:

- *¿En papel o digital?*
- *¿Se envía por mail o se sube en formato digital? (intranet, carpeta compartida, plataforma educativa)?*
- *¿Hay que hacerlo siguiendo algún modelo específico o tiene estructura libre?*
- *¿Hay alguna plantilla o modelo que podamos seguir o copiar?*

Prefiero hacer **muchas preguntas ANTES** de ponerme con la tarea que tener que rehacerla o **modificarla DESPUÉS**. Cada minuto cuenta.

**2. Planifica las tareas repetitivas desde el principio**

Si hemos de repetir muchas veces alguna tarea a lo largo del curso, es una oportunidad de multiplicar los pequeños ahorros de tiempo usando algún método eficiente de llevarla a cabo.

### Calificaciones

Anotar las calificaciones de nuestros estudiantes es una tarea que vamos a repetir cientos de veces por curso, así que debemos planificarla para que sea eficiente desde el primer momento.

Cuando comencé a trabajar, tenía un **cuaderno de profesor en papel** donde anotaba las calificaciones de los estudiantes y las modificaba si era necesario. Cuando tenía varias notas acumuladas, las pasaba a una hoja de cálculo en el mismo orden en que las anotaba en el cuaderno de papel y, a final de cada trimestre, reorganizaba las notas en bloques para calcular las medias.

Esto, como comprenderéis, es un error porque **implica tres pasos diferentes cuando puede hacerse en uno solo.** Ahora, en cuanto tengo las listas de estudiantes de cada clase, creo una hoja de cálculo (Ver capítulo 21) con los bloques evaluables asignados (tareas, exámenes, proyectos, etc), de forma que voy añadiendo las notas directamente en la hoja de cálculo y, en cuanto tengo suficientes datos, **automáticamente tengo una media de cada estudiante y un seguimiento inmediato de su evolución.**

Adicionalmente, como creo y almaceno la hoja de cálculo usando Google Sheets, las hojas de cálculo de Google, que se almacenan en Google Drive, puedo **acceder a ella desde mi cuenta en cualquier dispositivo:** móvil, tablet u ordenadores.

### Plantillas para exámenes y todo lo demás

Otra planificación que te ahorrará tiempo. A principio de cada curso, reflexiona sobre los tipos de tests, tareas y exámenes que quieres utilizar y **crea unas plantillas básicas** que puedas posteriormente editar sin mucho esfuerzo. De este modo evitarás tener que crear estos documentos completamente desde cero en cada ocasión y sólo deberás modificar las plantillas creadas para adaptarlas a cada tema. Revisa el capítulo 13 para modelos de preguntas que puedes incorporar en tus exámenes y también el capítulo 24 donde hablo de plantillas para contactos con las familias.

### Archivos y carpetas digitales

Un tercer ejemplo se refiere a la forma que tenemos de organizar nuestras carpetas y archivos digitales y cómo los nombramos. Muchas personas acumulan todos los archivos de trabajo sin orden alguno en una única carpeta sin ninguna estructura. Se pierde mucho tiempo si no tenemos los **archivos claramente ordenados** y **adecuadamente nombrados**. Es preferible dedicar un tiempo previo a pensar y planear cómo lo vamos a hacer que ponernos a funcionar de cualquier modo y perder tiempo posteriormente por esta causa. Puedes leer más sobre este tema en el capítulo 9.

### 3. Copia y aprende de la experiencia de otros profesores

Por todo lo que cuento en este libro, podrías pensar que soy una especie de maniático ultraproductivo que usa el tiempo ahorrado con estas técnicas para diseñar nuevas formas de eficiencia en el trabajo…

No es así. En realidad, sólo algunas de las técnicas las he descubierto a golpes de **ensayo y error personal,** pero la mayoría me las **han explicado otros profesores** a lo largo de mi carrera o las **he encontrado en internet**. He incorporado algunos y otros no, según mis preferencias y características.

• Mi primera colección de **plantillas para escribir mailes** a familias me la pasó otro profesor con el que trabajé cuando le comenté que estaba harto de contestar estos mailes. Él la llevaba usando varios años y yo sólo las incorporé y fui adaptando a mis necesidades.

• El uso de **Plickers** como aplicación para evaluar rápidamente en clase lo descubrí al ver cómo una **profesora de matemáticas lo usaba con sus estudiantes**. Le pregunté y me explicó lo que era y cómo se usaba.

• En muchas otras ocasiones he incorporado a mi trabajo diario recursos o técnicas de otros compañeros docentes.

• También hay muchas webs y blogs de profesores que nos cuentan sus experiencias, sus trucos, sus materiales, sus herramientas, etc.

- A veces, algunos profesores más veteranos tienen **materiales muy interesantes y prácticos** que funcionan perfectamente sin ninguna modificación, testados tras años de uso.

- En otras ocasiones, son los profesores más jóvenes los que **están al día con recursos digitales**, aplicaciones, herramientas, blogs, webs, etc.

En general, **los profesores somos bastante colaboradores y generosos** a la hora de compartir nuestros recursos, ideas, proyectos, etc., por lo que es muy importante no cerrarse a hacer las cosas a "nuestra manera" y preguntar a nuestros compañeros de trabajo que nos expliquen cómo hacen ellos alguna tareas, si pueden compartir algún material, si conocen alguna web o app interesante, etc. Siempre se aprende. Habla con otros profesores, pregunta y **no dudes en pedir ayuda si la necesitas**.

## REFLEXIONA

---

- ✔ ¿Has tenido que repetir alguna vez un informe, programación, etc. porque había que hacerlo de otra forma?
- ✔ ¿Tienes un sistema eficiente para poner las notas desde el principio de curso?
- ✔ ¿Tienes un sistema ordenado y claro para archivar documentos y nombrar archivos?
- ✔ ¿Usas plantillas siempre que puedes?
- ✔ ¿Compartes información de forma habitual con otros profesores?
- ✔ ¿Consultas blogs o webs sobre educación para encontrar formas de optimizar tu tiempo?

## PRACTICA

✔ Haz una lista de tareas repetitivas a lo largo del curso y, para cada una de ellas, al menos una propuesta para ahorrar tiempo

✔ Elige un modelo de test, tarea o examen que uses a menudo y conviértelo en una plantilla estándar que sólo tengas que adaptar en cada ocasión

✔ Lee el capítulo 9 sobre los nombres de archivos y su organización y aplícalo directamente o adáptalo a los tuyos

# 5. TRABAJA EN BLOQUES TEMÁTICOS

*Empieza por el principio, y sigue hasta llegar al final; allí te paras.*

*Alicia en el País de las Maravillas*

*Lewis Carroll*

Seguro que has escuchado alguna vez el concepto **"multitarea"**. Si has intentado hacer varias cosas a la vez, te habrás dado cuenta de que no funciona de la forma en que nos lo intentan vender. Es mentira.

Si intentamos hacer varias cosas que requieran un mínimo de atención a la vez, lo que ocurre en realidad es que **tardamos más tiempo** y es más probable que **no las hagamos todas bien**. Sin embargo, si nos concentramos en una tarea a la vez y ponemos nuestra atención en ella, la terminamos en **menos tiempo y con mejor calidad**. Por tanto, mi recomendación es que agrupemos las tareas por bloques temáticos y las vayamos completando de una en una. Es así de sencillo.

El objetivo fundamental de **organizar el tiempo por bloques temáticos** es conseguir una dinámica de trabajo (*"workflow"*) que combine atención y concentración de modo que saquemos el máximo rendimiento a ese tiempo sin distracciones, llevemos a cabo todas las actividades que nos hemos programado y nos sintamos satisfechos con el resultado. Adicionalmente, **evitamos los cambios frecuentes de tareas** y de tipos diferentes de tareas, que suponen siempre una distracción y pérdida de tiempo, y dotamos de una **estructura ordenada a nuestras sesiones**, facilitando el trabajo.

### 1. Mi estructura de 3 bloques temáticos

Así me organizo yo. Móvil apagado y guardado. Sentado en mi espacio de trabajo.

Para empezar mi sesión de trabajo, lo primero que hago es dedicar 5 minutos a apuntar en un papel de forma ordenada todas las cosas que tengo que hacer con detalle.

Agrupo las tareas en los 3 bloques que ya he comentado:

A. **Preparación de clases:** revisión del libro de texto, preparación de apuntes o presentaciones, grabación de videos explicativos, selección de tareas, creación de fichas de trabajo, visionado y selección de videos, preparación de proyectos de clase, etc.

B. **Evaluación:** corrección de fichas, cuadernos, tests, exámenes, actividades digitales, etc.

C. **Administrativas:** preparar o rellenar informes, gestión de la tutoría, escribir y contestar mailes, transcribir calificaciones, gestión de problemas de disciplina, preparación de actividades extraescolares, etc.

Para ordenar las tareas y los bloques sigo la regla **Fácil-Difícil-Fácil** que ya he comentado en el capítulo 3. Generalmente, el orden en que los he citado es el orden recomendable para los tres bloques,.

ya que la preparación de clases y las tareas administrativas son más sencillas de completar (**FÁCIL**) y la corrección requiere una mayor concentración (**DIFÍCIL**).

A continuación, asigno un tiempo aproximado a cada tarea dentro de cada bloque temático. Por ejemplo:

- 5 minutos para revisar el tema de 1º ESO en el libro de texto
- 10 minutos para buscar un par de videos
- 15 minutos para preparar una ficha de 3º ESO
- etc.

No hace falta ponerlo por escrito, pero sí hacer una estimación para no extendernos demasiado con ninguna tarea (Recuerda la "Ley de Parkinson"). Y debemos tratar de cumplirlo.

Por supuesto, si algún día no hay tareas dentro de algún bloque, salto a los otros.

Intento que mientras desarrollo cada bloque temático no haya ninguna pausa intermedia y **realizar estas pausas sólo al completar cada uno de los bloques**. Evito todo cambio de actividad hasta que no está completada la del bloque que tengo entre manos (**nada de multitarea**). Sin embargo, soy flexible: por ejemplo, si me cuesta sólo 20 minutos completar un bloque de tareas, no hago una pausa y continúo con otro bloque; o alargo hasta 1:10 horas si veo que voy a completar el bloque en ese tiempo. Aunque hay excepciones, no es recomendable sobrepasar 1:30 horas de trabajo continuo sin pausas o comenzamos a cansarnos.

Durante el tiempo de trabajo evito cualquier posible distracción. Es decir, **100% concentración en la tarea y 0% distracciones**.

### 2. Asistentes digitales para control de tiempos

Uno de los usos más sencillos y prácticos de los asistentes digitales de voz (@ → *"Siri, Alexa, OKGoogle"*) *es que nos pueden avisar cuando ha pasado cierto tiempo*. Es mucho más simple que configurar las alarmas manualmente en el móvil. Decimos: "*Alexa, avísame dentro de 45 minutos*" y ya tenemos un temporizador que nos notificará el tiempo límite que nos hemos fijado para preparar clases o buscar materiales en internet o para una pausa de descanso.

## REFLEXIONA

---

- ✔ ¿Agrupas tus tareas en bloques temáticos?
- ✔ ¿Dedicas 5 minutos para organizar lo que vas a hacer en cada sesión de trabajo?
- ✔ ¿Haces pausas? ¿Cada cuánto tiempo?
- ✔ ¿Qué tipos de tareas te resultan más fáciles y cuáles más difíciles?
- ✔ ¿Tienes asistente virtual en casa o en el móvil? ¿Lo usas con frecuencia?

## PRACTICA

---

- ✔ Organiza tu próxima sesión de trabajo siguiendo el modelo FDF e incorporando pausas obligatorias
- ✔ Aprende a usar el asistente de voz como temporizador para que te avise de los tiempos

# 6. APROVECHA LOS TIEMPOS MUERTOS

Los tiempos muertos son esos tiempos improductivos donde tenemos que estar presentes en algún lugar o reunión pero **no es necesario que dediquemos total atención** a lo que estamos haciendo. Por ejemplo:

• Los **claustros** presenciales o virtuales; algunas **reuniones** de equipos educativos o de evaluación; cursos de formación presenciales u online, etc.

• **Períodos con estudiantes** que no requieren atención intensiva ni constante, por ejemplo, cuando **asignamos tareas** para que las realicen en clase de forma autónoma; horas en las que tenemos que hacer **guardia** y no hay que cubrir ningún grupo o la tenemos que hacer en algún grupo con tareas asignadas y comportamiento civilizado; mientras realizamos un **examen** con algún grupo, etc.

• Muchos **tiempos de espera en nuestra vida personal**: esperamos para recoger a nuestros hijos de actividades extraescolares; tiempos de espera en el médico o dentista; en la cola de Correos para recoger un paquete; mientras hacemos tiempo para que abran una tienda; esperamos a que venga algún amigo con quien hemos quedado, etc.

• Tiempo de **desplazamiento en transporte público** (tren, bus o metro) desde casa al centro de trabajo o viceversa.

• Aunque no lo son estrictamente, los **tiempos de permanencia en el centro de trabajo** sin ninguna clase ni guardia ni reunión asignada pueden clasificarse dentro de esta categoría. Son los "huecos" en nuestro horario. Debemos estar en el instituto pero podemos organizar nuestra actividad libremente.

Seguro que se te ocurren más situaciones de tu vida cotidiana que no he nombrado, pero espero que se entienda el concepto de tiempo muerto.

A veces dedicamos estos tiempos muertos a **procrastinar con el móvil** en internet o redes sociales o, si estamos en el instituto, lo dedicamos **charlar con los compañeros**. En ocasiones esto es justamente lo necesario y recomendable, ya que nos permiten un respiro donde desconectamos de nuestro trabajo o de nuestras obligaciones y **son absolutamente necesarios para nuestra salud mental.** Es imprescindible conseguir un equilibrio y no pensar constantemente en el trabajo.

Sin embargo, si disponemos de muchos de estos tiempos muertos, podemos aprovechar parte de ellos a sacar adelante pequeñas tareas del trabajo. Depende de nosotros.

---

### RESUMEN DE PRODUCTIVIDAD

✔ **Dificultad de poner en práctica:** Muy fácil

✔ **Tiempo necesario para comenzar a usarla:** La próxima vez que tengamos un tiempo muerto

✔ **Potencial de ahorro:** Bajo-Alto, en función de la cantidad de tiempos muertos de nuestra rutina diaria

✔ **Velocidad de obtención de resultados:** Muy rápida

✔ **Desventaja:** Puede crearnos estrés al ocupar todo nuestro tiempo con trabajo

---

### 1. Aprovecha tus tiempos muertos

El objetivo es transformar estos momentos improductivos en más productivos **completando tareas breves** que no requieran demasiada atención, concentración, ni tiempo de preparación o desarrollo y que puedan completarse rápidamente. En función del tiempo disponible y las interrupciones que tengamos, les sacaremos mayor o menor rendimiento, pero si mantenemos nuestra máxima de que **cada minuto cuenta**, las tareas completadas en estos tiempos no tendremos que realizarlas en otro momento. Mis tareas favoritas para estos tiempos improductivos son la **corrección de tests, transcribir las notas** al cuaderno de profesor y la **revisión de mailes**, pero seguro que se te ocurren otras actividades de tu rutina que puedes realizar en estos tiempos muertos.

### A. Corrección de tests en papel

Yo uso frecuentes tests breves para evaluar aspectos concretos de las asignaturas que imparto. Tienen **dos objetivos pedagógicos** principales:

1.  **Orientar** a los estudiantes para las preguntas que aparecerán en el examen del tema
2.  **Recopilar información** sobre cómo van asimilando conocimientos ya que me proporcionan calificaciones con mínimo esfuerzo de corrección

Hago **dos o tres de estos tests en papel por trimestre** en cada grupo que doy clase, aunque cada vez con más frecuencia estoy usando los que se autocorrigen con determinadas herramientas digitales (@ → *"Plickers/Kahoot/Google Forms"*, principalmente. Mira el capítulo 20 para más información). Están maquetados en formato de A5 (fáciles de transportar a cualquier lado) y diseñados para ser **corregidos en 5-10 minutos** (¡el grupo completo!). Por tanto, cuando tengo tiempos muertos, saco un lote de tests y lo corrijo parcial o completamente y se queda terminado.

Aquí tienes un ejemplo de un test de la asignatura de Biología y Geología de 3º ESO para que veas lo rápido que se puede corregir si está diseñado de forma adecuada:

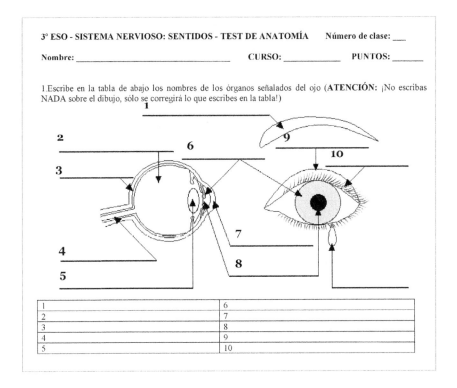

1.Escribe en la tabla de abajo los nombres de los órganos señalados del ojo (**ATENCIÓN:** ¡No escribas NADA sobre el dibujo, sólo se corregirá lo que escribes en la tabla!)

| | | | |
|---|---|---|---|
| 1 | | 6 | |
| 2 | | 7 | |
| 3 | | 8 | |
| 4 | | 9 | |
| 5 | | 10 | |

## B. Pasar notas al cuaderno del profesor

Intento pasar las calificaciones inmediatamente después de terminar la corrección, pero **no siempre me quedan fuerzas**, sobre todo al terminar de corregir exámenes. Pero es importante transcribir rápidamente las notas al cuaderno para tenerlo actualizado en todo momento. Como explico en el capítulo correspondiente, yo utilizo una hoja de cálculo alojada en Google Drive.

Afortunadamente, es una tarea que **puede completarse en menos de 5 minutos**, así que la realizo en tiempos muertos. Ordeno los exámenes por un **número asignado al orden alfabético de la lista de estudiantes** (Ver capítulo 15) y paso las notas a la hoja de cálculo accesible desde cualquier sitio con conexión a internet. Cinco minutos ahorrados en otra sesión de trabajo.

## C. Revisar y contestar mailes

Otra tarea que no requiere mucha atención y que puede completarse total o parcialmente en poco tiempo desde un móvil en cualquier sitio es **mantener en orden la bandeja de entrada de mailes.**

Mi estrategia es la llamada **"Inbox Cero"** (@ → *"Inbox Cero"*) que consiste en mantener en la medida de lo posible la **bandeja de entrada sin mailes no leídos.** Por supuesto, siempre mantengo diferenciadas una cuenta personal y otra de trabajo (que puede ser corporativa o creada por mí) generalmente en el servicio de **Google gmail.**

En general, mi mecánica de trabajo es esta:

• En la bandeja de entrada del mail, accedo a los mensajes entrantes **no leídos más antiguos** y voy avanzando hasta los más recientes, a menos que note algún mail reciente más urgente.

• Los mailes entrantes de **publicidad** o que son claramente **Spam**, los **borro directamente.** A veces uso la cuenta de mail del trabajo para registrarme en algunas webs o servicios y posteriormente entran mensajes promocionales o tratando de vender algo. No me interesan, así que los borro.

• Algunos mailes son simplemente **informativos y no requieren ninguna respuesta,** simplemente los leo y si debo hacer alguna anotación algo en la agenda, la hago.

• Otros mailes requieren una **respuesta breve.** Los "proceso" y **respondo de inmediato.** Si puedo, uso las plantillas o modelos que tengo. Si no es posible, lo redacto rápidamente sobre la marcha. La regla general es que si puedes hacerlo en **1-2 minutos, lo debes hacer en el momento** y no aplazarlo. (@ → *"Regla de los dos minutos"*).

• Si al leer algún mail considero que requiere una **respuesta más elaborada** o debo consultar más datos, lo **marco como destacado** y así quedará señalado para responderlo más adelante cuando tenga el tiempo requerido necesario.

- Generalmente dejo todos los mailes sin agrupar en la bandeja de entrada, pero en algunos casos me gusta **archivarlos en carpetas** para tenerlos fácilmente localizados (aunque en realidad no es necesario ya que el buscador de gmail nos facilita enormemente estas búsquedas). Por ejemplo, creo carpetas específicas donde archivo actas de departamento o de claustros, comunicaciones con algunas familias, informes de seguimiento, etc.

### D. Otras tareas que pueden realizarse en tiempos muertos

- Planificar, revisar o actualizar nuestra **agenda de trabajo o personal**
- **Ver y seleccionar videos** educativos para nuestras clases
- **Buscar material** en internet para tareas o actividades
- Revisar y seleccionar los **materiales que hemos descargado** con anterioridad
- Corregir **tareas cortas**
- Preparar preguntas para **tests autocorregidos** en Plickers, Kahoot o Google Forms (Capítulo 20)

Seguro que también se te ocurren más actividades breves que son adecuadas para realizar en estos tiempos muertos.

### 2. Trabajo no lectivo en el instituto

En este libro hablo casi todo el tiempo del trabajo en casa porque son los momentos donde podemos mejorar nuestra productividad, pero, **¿y en el instituto?** Yo aprovecho todos los "huecos" de los que dispongo en en instituto cuando no estoy dando clase para trabajar allí. Esto, como sabéis, no siempre es sencillo, ya que **no siempre tenemos espacios tranquilos** habilitados donde trabajar sin distracciones. Intento aislarme en el departamento, en la biblioteca o en algún aula vacía y suelo usar auriculares para poner música que me ayuda a concentrarme. Mi objetivo personal es trabajar lo máximo posible durante el período "lectivo" y los huecos intermedios en el instituto para así **trabajar lo mínimo en casa.**

### 3. Posible estrés derivado

El uso intensivo de estos tiempos muertos puede generar cierto estrés si no estamos acostumbrados, así que es muy recomendable **no saturar estos momento**s o tendremos la sensación de **"estar todo el tiempo trabajando".** Esta sensación es subjetiva pero puede ser muy molesta y **crearnos ansiedad.**

En algunas ocasiones, si tenemos un hueco entre varias clases o un tiempo muerto en nuestra vida personal, nos interesa dedicar un rato a realizar algunas de estas pequeñas tareas y otro rato a charlar con los compañeros, a comernos una pieza de fruta, llamar por teléfono o revisar redes sociales y así **desconectar** un rato. Nuestra salud mental nos lo agradecerá.

## REFLEXIONA

✔ ¿Tienes muchos tiempos muertos en tu vida personal? ¿Qué haces en ellos?

✔ ¿Tienes muchos huecos en tu horario escolar? ¿Qué haces en ellos?

✔ ¿Aprovechas el tiempo de los claustros y otras reuniones?

✔ ¿Qué tareas breves de tu rutina podrías realizar en alguno de los tiempos muertos?

## PRACTICA

✔ Escribe en la aplicación de Notas del móvil una lista con tareas breves que puedas realizar en tus tiempos muertos para que puedas consultarla en todo momento

✔ Prepara algunos test, tareas o actividades diseñadas para ser corregidas en 5-10 minutos (Mira el capítulo 14 para más información)

✔ Aprende a usar gmail (o tu cuenta de mail de otro proveedor como Yahoo, Hotmail, etc.) de forma más eficiente

# 7. CÓMO CREAR Y MANTENER HÁBITOS

Gran parte del proceso de mejora en nuestro objetivo de ahorrar tiempo consiste principalmente en **cambiar nuestros hábitos** actuales poco productivos y transformarlos en otros que sean más eficientes.

Un ejemplo paradigmático es mantener el móvil cerca mientras trabajamos. Sabemos que nos distrae, sabemos que nos quita tiempo, sabemos que no es eficiente, pero lo seguimos haciendo a diario. O mantenemos el hábito de llevar adelante varias cosas a la vez cuando en realidad nos costaría menos si nos concentrásemos en las tareas secuencialmente, una tras otra. O, si disponemos de 15 minutos de **tiempo muerto** esperando en la consulta del médico, lo perdemos mirando las redes sociales en lugar de procesar la bandeja de entrada del mail de trabajo.

Aunque seamos plenamente conscientes de estos errores a nivel general, se nos olvida hacer lo correcto en el momento adecuado porque nos dejamos arrastrar por **la inercia de nuestra rutina** habitual.

---

### RESUMEN DE PRODUCTIVIDAD

✔ **Dificultad de poner en práctica:** Puede ser muy fácil o muy difícil, depende de nuestra personalidad

✔ **Tiempo necesario para comenzar a usarla:** Lo que cuesta imprimir un calendario en papel

✔ **Potencial de ahorro:** Muy alto, ya que permite crear y mantener en nuestra rutina diferentes hábitos productivos

✔ **Velocidad de obtención de resultados:** Media

✔ **Desventaja:** Es fácil empezar, lo difícil es mantenerlo

### 1. No es fácil practicar deporte

Supongo que, igual que yo, tú te has encontrado en esta situación, es posible que más de una vez en tu vida.

Decides empezar a salir a correr (o practicar otro deporte) un rato todos los días para incorporar el deporte en tu vida. Los tres primeros días sales, corres 30 minutos, vuelves, te duchas y te sientes estupendo. Cansado, pero satisfecho. Crees que vas por el buen camino. El cuarto día te surge algo y no tienes tiempo. El quinto se te olvida. El sexto es sábado y has quedado con amigos. El domingo visitas a tu familia... **Se acabó el deporte.** Lo mismo me ha pasado a mí con otras actividades: comer de forma más saludable, leer más, ver menos TV, aprender idiomas, escribir, etc.

No voy a profundizar en los aspectos psicológicos de la creación de estos hábitos, ya que los puedes encontrar haciendo búsquedas en Google o Youtube (@ → *"Cómo crear hábitos"*). Desde el punto de vista práctico, hay dos principales obstáculos para incorporar una actividad a nuestra rutina: la inercia de nuestra vida y la falta de un tiempo asignado.

### 2. El método Seinfeld

Para salvar estos obstáculos, las soluciones que funcionan son dos:

**A. Asignar obligatoriamente tiempo** a esta actividad en nuestra agenda

**B.** Crear una tabla donde veamos claramente **nuestro progreso** en el proceso de mejora del hábito que queremos crear

Vamos a ver el ejemplo que ya hemos nombrado anteriormente: nuestro objetivo es crear el hábito de salir a correr media hora cada día de lunes a viernes.

**A.** En primer lugar, sacamos nuestra agenda y buscamos ese tiempo y lo asignamos para cada día. No podemos pensar: voy a hacer esto y, cuando termine, *"...si tengo tiempo..."*, saldré a correr. Mal. **Si consideramos que es importante, hay que meterlo en la agenda.** Lo más recomendable es que sea a diario siempre a la misma hora, si es posible. Pero no siempre lo es. Así que cada día lo colocaremos donde mejor nos cuadre, y añadiremos una alarma a nuestro móvil para que nos avise a la hora que hemos de realizar la actividad. Así no nos olvidaremos. Con la repetición deberíamos conseguir que **este nuevo hábito se incorpore de modo natural a nuestra rutina diaria** o semanal. Por supuesto, esto es un ejemplo general y hay detalles y circunstancias: no puedo salir a correr si hace mucho calor, así que debo correr a primera hora de la mañana o al final de la tarde, y en esos horarios tengo limitaciones…; es que en realidad necesito más de media hora, porque tengo que cambiarme antes de correr y luego me tengo que duchar y se me alarga 45 minutos…; es que yo no salgo a correr, a mí me gusta el gimnasio… Bueno, creo que somos capaces de usar el sentido común y adaptar estas directrices generales a nuestras circunstancias particulares. Lo importante es concretar un tiempo en nuestra agenda para esa actividad.

**B.** El segundo punto **parece una tontería PERO NO LO ES**, porque debemos **reforzar la motivación** para crear este nuevo hábito. Consiste en coger un calendario (también podemos hacerlo en nuestra agenda, pero es menos visual), situarlo de forma bien visible en alguna zona de la casa que utilicemos frecuentemente (la nevera de la cocina, por ejemplo) y realizar una marca (tachar es lo más sencillo) cada día que realicemos deporte, de forma que **veamos el estado del**

**progreso que vamos realizando** y recibamos un feedback directo, tanto positivo como negativo. No debemos subestimar el valor psicológico de esta herramienta. Ver a diario ese recordatorio de que estamos consiguiendo algo que nos hemos propuesto refuerza en gran medida **nuestra autoestima** y nos anima a continuar realizando el esfuerzo que nos hemos marcado. Es en cierto sentido semejante a la **satisfacción** que nos produce tachar una tarea realizada de nuestra lista de tareas: vemos claramente un avance, un cambio, un progreso, una mejora.

Como anécdota, os comento que este sencillo calendario de seguimiento se llama el **método Seinfeld** porque lo explicó el actor **Jerry Seinfeld** (protagonista de la comedia *Seinfeld*, famosa en los años 90) en una entrevista como consejo para crear el hábito de escribir cada día. Lo podéis encontrar fácilmente a poco que busquéis en internet. (@ → *"Método Seinfeld"*)


### 3. Aplicación del método a uno de nuestros objetivos

Respecto al primer punto, no tendremos que incorporar nuevos tiempos de trabajo, sólo **organizar nuestra agenda de la manera habitual y asignar los tiempos de trabajo dentro de los que disponemos cada día**.

En cuanto a la tabla de seguimiento, la vamos a usar para **eliminar los hábitos menos productivos** e incorporar los nuevos hábitos más productivos. Cuando un día apliquemos una técnica que mejora nuestra productividad (apagar el móvil, por ejemplo) marcaremos el día correspondiente en el calendario.


### Evitar el móvil mientras trabajamos

Veamos esto con un ejemplo muy sencillo que tendrá beneficios instantáneos en la reducción del tiempo trabajado.

Hemos detectado que **perdemos mucho tiempo mirando el móvil** mientras trabajamos, lo cual hace que las sesiones se extiendan más de lo que deseamos. Vamos a cambiar esta rutina y, para ello, antes de ponernos a trabajar, cogemos nuestro móvil, lo ponemos en silencio (NO vibración) y lo guardamos en un cajón o armario o en otra habitación, para que no lo tengamos a la vista ni en la cercanía. Para recordarlo, basta con colocar un Post-it en nuestra zona de trabajo: *"Apaga el móvil"*

Cada día que lo completemos y estemos **todo el tiempo de trabajo sin usar ni mirar el móvil**, hacemos una marca en el día del calendario correspondiente. Y lo vamos repitiendo cada día hasta que se convierta en una rutina (generalmente 3 semanas) que no necesite ningún seguimiento (ni refuerzo) adicional. Entonces podemos comenzar a cambiar otro hábito improductivo o añadir uno nuevo más eficiente.

### 4. Cambiando varios hábitos a la vez

Alguno de vosotros, tras leer este método, se ha animado y ha dicho: *"Ya está, voy a hacer una lista de TODO lo que hago mal y lo voy a cambiar al mismo tiempo"*, y te encuentras con una lista de 8-10 hábitos poco productivos…

Es un **error frecuente tratar de cambiar muchas cosas a la vez**, es mejor afrontarlos en grupos de 2-3 y seguir cuando hayamos completado este objetivo. Hay varias razones, pero la principal es que a nuestro cerebro le lleva un tiempo **asimilar muchos cambios al mismo tiempo** y los digiere mejor si suceden de forma progresiva. Por tanto, es mejor hacer un diagnóstico acertado y concentrarse al principio en los 2-3 hábitos que más tiempo nos quitan para ver resultados más sustanciales. Cuando los tengamos perfectamente integrados, estaremos más preparados psicológicamente para afrontar nuevos cambios. Sentido común.

### 5. Entrenar el hábito de decir NO

La mayoría de los hábitos que nos van a suponer un ahorro de tiempo **dependen principalmente de nosotros**: retirar el móvil, reducir la cantidad de exámenes que tendremos que corregir, agrupar las tareas en bloques temáticos, búsquedas eficientes de materiales en Google, usar plantillas, reducir al mínimo las tareas administrativas, etc. Para cada técnica que te parezca interesante, puedes elaborar un calendario de cambio de hábito e incorporarla en tu rutina, con lo que conseguirás un efecto aditivo de estos pequeños progresos.

Sin embargo, como he ido repitiendo en varios capítulos, hay una forma sencilla de reducir considerablemente el tiempo dedicado al trabajo y es **decir NO a lo que no es necesario o imprescindible.** De hecho, esta técnica y la de guardar el móvil son las que recomiendo modificar en primer lugar para ver resultados significativos en muy poco tiempo.

Desafortunadamente, este hábito es uno de los más complejos de cambiar, ya que **no depende enteramente de nosotros,** no estamos acostumbrados a hacerlo y suele implicar situaciones sociales incómodas o incluso desagradables y un sentimiento propio negativo. En el capítulo 1 he dado algunas **claves que pueden funcionar** para aprender a decir que no sin que ello nos haga sentirnos mal. Aquí me voy a centrar en la puesta en práctica del hábito y en el seguimiento mediante el calendario.

Usaremos un calendario (o nuestra agenda) igual que para reforzar cualquier otro hábito, marcando en él los días que digamos NO a alguna tarea no necesaria. En este caso, puede que no haya una continuidad diaria. Añadiremos una estimación del tiempo que nos ahorramos al decir que no a esa tarea. Si rechazamos un par de cosas el mismo día, las colocamos juntas.

Veamos algunos ejemplos:

• Viene un profesor y nos pregunta si nos apuntamos a un **grupo de trabajo sobre estándares** (o convivencia, o TIC, o lo que se te ocurra) Este curso nos lo certifican posteriormente por 60 horas y nos dará puntos para oposiciones y/o traslados. Nos llevará todo trimestre. **NO.** Por 50€ puedo comprar y terminar en muchas menos horas un curso por internet equivalente en horas y puntos. Con certificado. Ahorro de tiempo estimado: ¡Unas 3-4 horas semanales en ese trimestre!

• La orientadora del centro, con muy buena voluntad, pone en marcha un plan de **cotutoría voluntaria** para ayudar a los estudiantes más conflictivos y mejorar la convivencia del centro. Dedicaremos una hora semanal con los estudiantes elegidos y una reunión semanal online en horario de tarde. Certificado incluido. **NO**. Ahorro estimado: 2 horas semanales. Durante todo el curso.

• Una madre solicita que, como tutores, le mandemos **un mail diario con las tareas** que tiene que realizar su hijo porque su hijo no se las comunica y ella no puede controlarlo de otra forma. Ello implica pedir a diario a los profesores que me informen de las tareas, recopilarlas y mandarlas por mail. **NO**. Ahorro estimado: 15 minutos diarios, 1:15 horas semanales.

• El director del instituto sugiere que los departamentos creemos unos materiales propios para aportar a la web del instituto. **NO**. Ahorro estimado: 2 horas en total

Creo que ha quedado claro el concepto. Al anotar el ahorro de tiempo estimado que conseguimos al rechazar tareas innecesarias, tendremos un **recordatorio constante de los beneficios** de ponerlo en práctica, lo cual actúa como refuerzo positivo de nuestra conducta y nos animará a seguir rechazándolas en el futuro.

Tenemos que acostumbrarnos a **rechazar de plano cualquier tarea que no sea estrictamente necesaria** o que no nos aporte nada a nivel personal. Y no estoy abogando por ser un **negacionista** y decir que no a todo por sistema. Si a alguien le interesa el proyecto de la orientadora, el grupo de trabajo, publicar en la web del centro o hacer un esfuerzo extra por uno de sus estudiantes, adelante. Yo prefiero ser más selectivo con mi tiempo y dedicarlo a lo que yo mismo considere prioritario.

### 6. Aplicaciones para móvil

Yo soy ya veterano, así que prefiero organizarme con papel y lápiz. Pero existen numerosas **aplicaciones disponibles para móviles que nos ayudan a crear hábitos**. La mayoría se centran en **crear hábitos saludables de dieta y deporte**, pero otras son más flexibles y nos permiten ampliar el rango e introducir nosotros mismos el hábito que queremos reforzar y mantener.

Una ventaja es que muchas de ellas **nos mandan recordatorios** para no olvidar lo que tenemos que hacer y también **mensajes motivacionales.** Permiten compartir nuestros logros para obtener un interesante **refuerzo social** que nos motivará a seguir. Como desventaja, implican el uso del móvil cuando considero que es uno de los distractores más potentes a erradicar. Yo no he probado ninguna, siempre he usado mi calendario de papel, pero las menciono ya que pueden ser muy útiles para la persona adecuada. (@ → *"Aplicaciones para crear hábitos"*).

También los **asistentes virtuales** (Alexa, OKGoogle, Siri) nos pueden ayudar planificando alarmas diarias o a ciertas horas que nos recuerden aplicar hábitos y nos motiven a mantenerlos.

### 7. No te frustres

Como recapitulación final, quiero que seas consciente de que **cambiar hábitos es muy complicado** y no funciona de forma rápida ni fácil ni permanente. Adicionalmente, para algunas personas resulta más complicado que para otras y también influye el hábito concreto que queremos modificar. Por lo tanto, mi consejo es que lo pruebes, veas los resultados, reflexiones y mejores. No te frustres si no consigues eliminar todos los malos hábitos al primer intento pero anímate si consigues eliminar algunos y sumar minutos en tu hucha de tiempo. Cada minuto cuenta.

### REFLEXIONA

---

- ✔ ¿Qué hábitos de tu trabajo te hacen perder tiempo?
- ✔ ¿Cuál es el que más tiempo te hacer perder?
- ✔ ¿Cuáles serían los más fáciles de cambiar?
- ✔ ¿Qué hábitos de tu vida personal te hacen perder el tiempo?

✔ ¿Qué hábitos de tu vida personal serían los más fáciles de cambiar?

✔ ¿Has incorporado hábitos positivos antes en tu vida? ¿Has eliminado hábitos negativos?

✔ ¿Crees que las aplicaciones para móvil te podrían ayudar a cambiarlos?

## PRACTICA

---

✔ Haz una lista priorizada de los hábitos que te gustaría incorporar, eliminar o cambiar

✔ Prueba a introducir uno de ellos usando el método Seinfeld del calendario

✔ Apunta una estimación del tiempo que puedes conseguir cambiando algunos de ellos

✔ Investiga sobre aplicaciones que te ayudan a cambiar hábitos y prueba alguna de ellas

# PARTE II

# PREPARACIÓN DE CLASES

# 8. NO INNOVES: COPIA

**La forma más rápida de preparar un material para los estudiantes es utilizar uno que ya está hecho.** Recuerda la Regla de las 3R que hemos comentado, en este caso aplicando la **Reutilización** y el **Reciclaje** de materiales educativos. Por ello, antes de crear una actividad, tarea, ficha, test, examen, etc., desde cero, debemos preguntarnos:

- ¿Tengo algún **material igual o semejante ya hecho**? ¿Un material de otros años, de otros niveles, de otras asignaturas?

- ¿Puedo **adaptar fácilmente** algún material de los que ya tengo? A veces, modificando (añadiendo, cambiando, eliminando) un par de apartados conseguimos crear una ficha lista para ser usada con un mínimo esfuerzo

- En los materiales adicionales que proporciona la **editorial del libro de texto**, ¿hay alguno que pueda usar sin mucho trabajo de adaptación?

- ¿Alguno de **mis compañeros del departamento** podría pasarme algo como lo que necesito o que sea parecido y requiera poco tiempo para adaptar? Este sería el primer paso cuando estamos empezando y aún no tenemos suficientes materiales propios

- ¿Es un tipo de material que puedo **encontrar fácilmente en internet**? Aunque no sea exactamente como tú lo harías, se pueden encontrar muchos materiales fácilmente adaptables

### 1. No innoves, copia

***"Don't innovate. Fusilate!"*** La primera vez que escuche esta frase de broma en *"Spanglish"* fue en un curso de formación sobre gamificación (@ → *"Gamificación en educación"*) y el razonamiento tras ella es muy sencillo: **en educación, casi todo está inventado** (los que llevamos más tiempo en educación nos damos cuenta del **carácter cíclico de las tendencias educativas**), así que no hace falta que nosotros estemos constantemente creando cosas nuevas, basta con **buscar algo que esté ya hecho y adaptarlo a nuestras circunstancias.** Esto es válido para todo tipo de materiales, especialmente fichas de trabajo y pruebas de evaluación.

Muchas veces nuestros compañeros más cercanos, profesores del mismo departamento, tienen **materiales excelentes** y no tienen problemas en **compartirlos con nosotros.** Si nos ayudamos mutuamente, salimos ganando todos. A poco que busquemos en internet, encontramos algo igual o semejante a lo que planeamos. Por tanto, tras asegurarnos de que no tenemos nada, antes de crear el material desde cero, deberíamos dedicar unos minutos a buscar en internet. En resumen: **"No reinventes la rueda".**

### 2. Usa las mismas tareas, tests y exámenes de otros cursos

Hace años que reutilizo o reciclo las tareas y uso los mismos exámenes y tests. De esta forma **ahorro muchísimo tiempo.**

En su momento, hace ya algunos cursos, comprobé que seguían la legislación en cuanto a criterios de evaluación y decidí que eran adecuados al modo que tengo de dar las clases y realizar actividades, así que lo único que hago cada curso es **revisarlos, actualizar alguna cosa y usarlos de nuevo.**

De hecho, se lo comunico directamente a los estudiantes. Cuando estamos trabajando algo que considero importante (los conocidos **criterios de evaluación**), les aviso de que lo preguntaré en el examen o que haremos un test sobre ello. Si es importante, quiero que lo estudien, lo aprendan y quiero comprobarlo con una prueba documental (test o examen).

Como anécdota, una estudiante que estaba repitiendo curso en 3º ESO se dio cuenta de que estaba usando los mismos exámenes que el curso anterior, le expliqué detalladamente por qué lo hacía y la animé a centrar su estudio en las preguntas que podría esperar. Suspendió de nuevo…

### 3. Pide material a otros profesores del departamento

Una de las formas más eficientes de ofrecer y obtener ayuda es **compartiendo nuestros materiales.** Generalmente es con los **profesores de nuestro departamento** con quienes podemos compartir materiales adecuados para el tema, el nivel, el tipo de tarea, etc.

Atención, no estoy animando que nos convirtamos en un "profesor gorrón" que pide materiales sin dar nada a cambio, sino que creemos una situación cooperativa donde se puedan compartir materiales. La mayoría de los profesores no tenemos problema en compartir y ayudar cuando es necesario.

Si vamos a pedir materiales, debemos estar preparados para compartir a cambio los nuestros y también debemos planificar con tiempo para no meter prisa a quien se los pedimos.

Si estamos en un departamento con espíritu colaborador, se puede crear conjuntamente una **biblioteca de materiales compartidos** en Google Drive (u otro servicio) para aportar y descargar de forma sencilla. Si quieres más información, mira el capítulo 11 que está totalmente dedicado a formas de compartir.

### 4. Usa los materiales de la editorial del libro

Cuando se elige un libro de texto, la mayoría de las editoriales proveen a los profesores de gran cantidad de **material adicional en formato digital o en papel** que está perfectamente coordinado con el libro de texto y podemos usar directamente sin tener que personalizarlo.

Generalmente hay materiales de todo tipo: ejercicios, actividades de refuerzo, de ampliación, proyectos, prácticas (en ciencias), tests, exámenes, etc. También existen **materiales complementarios en formato digital** accesibles tras registrarse o usando una clave: videos, actividades interactivas, ejercicios, proyectos, webquests, etc.

Tal vez no sean perfectos pero sabes que **todos los estudiantes tienen su propio libro** y cumple todas las normativas educativas, por lo que es un material muy seguro de usar. Adapta tu forma de enseñar al libro de texto del que dispones y adapta las actividades propuestas a tus clases y te quitarás una carga de tiempo preciosa al **no tener que consultar ni seleccionar otros materiales.**

Desde mi experiencia, he encontrado mucha variedad en la calidad de estos materiales, pero sin duda pueden convertirse en una **fuente de recursos interesante** cuando no tenemos tiempo para buscar otras fuentes. **Puede que no sean perfectos para lo que buscamos, pero están ya listos para usar.**

Un aspecto negativo de usar sólo el libro de texto es que puede repercutir en **el interés que mostrarán los estudiantes** por tu asignatura y por ello podrían derivarse problemas de comportamiento. Sin embargo, el **balance de tiempo** será a tu favor.

El curso en que me **preparé y aprobé la oposición** usé exclusivamente estos materiales junto con el libro de texto como base de mis clases y ahorré mucho tiempo necesario para estudiar y preparar la programación.

## 5. Google is your friend

Google es tu amigo. Y cuando le preguntas, te responde con abundancia... Esto hace que podamos **encontrar cualquier cosa que busquemos**, pero también que en ciertas ocasiones seleccionar un material adecuado suponga más tiempo que el que nos habría costado crearlo desde cero. También podemos entrar en modo **procrastinación** y perder más tiempo leyendo cosas muy interesantes pero que nos desvían de nuestro objetivo... (@ → *"Cómo mejorar las búsquedas en Google"*)

Hay que alcanzar un equilibrio. En la práctica, yo me marco un **tiempo límite para la búsqueda** de materiales (5-10 minutos), y si no he encontrado nada útil en ese período, lo dejo e intento otra opción.

Uno de los trucos que uso para buscar materiales es **usar el inglés como idioma de búsqueda**. En general, encontramos mayor variedad de materiales y mucho más específicos en inglés que en español. Sin embargo, esto **no es válido para cualquier asignatura o tema**, sólo en los casos en los que el idioma no suponga un obstáculo. Por ejemplo, en Biología yo acostumbro a usar fichas de anatomía con imágenes de aparatos y sistemas del cuerpo humano para etiquetar los órganos, y encuentro muchos más materiales adecuados si los busco en inglés que en español.

También el inglés me resulta muy útil cuando necesito fichas de operaciones matemáticas: sumas, restas, multiplicaciones, ecuaciones, cambios de unidades, etc. No será práctico si buscamos lecturas comprensivas, preguntas-respuestas, etc. donde el idioma de trabajo es importante. He de mencionar que, en algunos casos, las asignaturas "bilingües" sí pueden servirse de estos materiales directamente.

## 6. Bancos de recursos

Es imposible hacer una lista de todos bancos de recursos educativos que se pueden encontrar en internet porque existen miles.

- En algunos casos, se trata de **webs de las administraciones educativas** que funcionan como agregadores de materiales o que enlazan a otras webs con más recursos. No pondré ejemplos concretos, pero son fáciles de encontrar y suelen ser frustrantes por la poca usabilidad y falta de actualización.

- En otros casos, estas mismas instituciones educativas han creado materiales que recogen todo el currículo de las asignaturas destinados a **educación a distancia o como apoyo a la enseñanza reglada**. Yo he usado frecuentemente materiales del Proyecto Biosfera (@ → "*Proyecto Biosfera*") y de CIDEAD (@ → "*CIDEAD*") adaptándolos sin mucho esfuerzo a mis clases.

- Algunos **profesores individuales o departamentos** de colegios e institutos han llevado a cabo una interesante tarea de recopilación de recursos, materiales, enlaces, actividades, etc. Son webs o blogs que suelen estar actualizados y tienen la visión práctica y aplicada que echamos en falta en las webs institucionales. Si localizas uno de estos blogs que se adapta a tu forma de dar clases, puede ser un tesoro.

- Finalmente, existen varios **servicios de empresas que recopilan materiales educativos** en forma de fichas descargables u online. Son materiales creados por profesores. A través de un modelo "*freemium*", puedes registrarte y descargar algunos materiales de forma gratuita o previo pago. También puedes aportar tus materiales. Yo he usado algunos de estos servicios en inglés para materiales bilingües y de nuevo suelen resultar muy prácticos cuando encuentras el modelo o autor que se adapta a tu forma de enseñar.

Como suelo recomendar en otras partes del libro, hay que aplicar el sentido común y **no perder demasiado tiempo buscando** y rebuscando constantemente nuevas webs de materiales. Pregunta a los compañeros de departamento por sus favoritos y selecciona 4-5 fuentes de recursos que te resulten útiles y con ellos será probablemente suficiente.

## 7. Youtube también te ayuda

Lo mismo que he dicho para Google se puede aplicar a Youtube, teniendo en cuenta que el tiempo dedicado a **la selección de materiales puede ser más largo**, ya que implica ver el contenido completo de los videos. Así como en materiales escritos o visuales basta con escanear rápidamente los textos para comprobar si es realmente lo que buscamos, **seleccionar videos es una tarea que consume más tiempo**. Te comentaré algunos de los trucos que yo aplico y que pueden servirte a ti también:

• En principio, **nunca uso en mis clases videos que duren más de 5-8 minutos**. Mi experiencia me ha demostrado que es el **límite de atención para los adolescentes** con los que trabajamos habitualmente, así que es mi primer **requisito que elimina de entrada muchos videos**. Nada de documentales ni películas. Puedo hacer alguna excepción para grupos buenos de bachillerato con videos muy interesantes, pero no es lo habitual.

• Suelo **aumentar la velocidad del video a 1,5x-2x** (depende de cómo hablen las personas), de forma que me lleva menos tiempo revisar el video completo

• Cuando encuentro un video que me resulta práctico e interesante, lo **guardo como un tesoro y lo añado a mi lista de reproducción apropiada**. Consulta el capítulo 10 donde hablo de las listas de reproducción en Youtube.

• Si descubro un video que me gusta (y también a mis estudiantes) **reviso exhaustivamente el canal de Youtube donde lo he encontrado para descubrir otros videos allí**. Suele funcionar.

• Los **videos recomendados** por el algoritmo de Youtube a veces pueden servir para encontrar material, pero en algunos casos pueden desviarnos mucho de nuestro objetivo principal y acabamos viendo gatitos monos o demostraciones de que la Tierra es plana...

• **Pido recomendaciones a los compañeros de departamento**. Muchos de ellos también usan videos en clase y conocen otros canales que suelen resultar interesantes, a veces desde una perspectiva que no habíamos considerado nosotros.

# REFLEXIONA

✔ ¿Creas constantemente materiales para tus clases o intentas usar otros ya preparados?

✔ ¿Usas los mismos tests y exámenes de otros cursos o los renuevas anualmente?

✔ ¿Compartes frecuentemente materiales con los compañeros?

✔ ¿Tenéis una biblioteca de recursos compartidos en el departamento? ¿Se podría poner en marcha fácilmente?

✔ ¿Cuánto tiempo dedicas a buscar materiales en Google o videos educativos en Youtube?

✔ ¿Tienes algunas webs o blogs de referencia de donde sacar materiales para tus clases?

✔ ¿Usas los materiales que te facilita la editorial? ¿Hay alguna editorial con materiales que te gustan más?

# PRACTICA

✔ Pide a algún compañero de departamento que te pase alguna ficha, test o examen listos para usar. Ofrece a algún compañero de departamento alguna actividad o examen tuyo

✔ Crea una carpeta en Google Drive con recursos de alguna asignatura bien ordenados y compártela con tus compañeros

✔ Elige 4-5 webs o blogs de referencia de donde sacar materiales para tus clases

✔ Elige un tema de una asignatura, revisa los materiales de la editorial cuyo libro usas y planifica el tema completo usando sólo esos materiales

✔ Localiza 2-3 buenos canales de Youtube con videos que puedas usar en tus clases

# 9. TODO DIGITAL

Hay un estudio que concluye que los trabajadores de oficina **pueden perder hasta 67 minutos diarios buscando papeles** y localizando archivos en el ordenador. No creo que en el caso de docentes la pérdida diaria sea de tal magnitud, pero en este artículo te doy algunas claves para mejorar la ordenación, etiquetado y recuperación de materiales digitales almacenados y no perder ni un minuto de tu tiempo.

---

### RESUMEN DE PRODUCTIVIDAD

✔ **Dificultad de poner en práctica:** Muy fácil

✔ **Tiempo necesario para comenzar a usarla:** Lo que nos cuesta encender el ordenador

✔ **Potencial de ahorro:** Bajo-Medio según lo desordenado que seas actualmente. Sostenido en el tiempo

✔ **Velocidad de obtención de resultados:** Rápida

✔ **Ventajas adicionales:** Resulta más fácil compartir material cuando ya lo tenemos en formato digital y ordenado

---

## 1. Ceros y unos

Si aún almacenas materiales en papel, te diré que es un error. Deberías migrar YA y pasar **todo a formato digital**. Las razones son muchas, las principales son de orden práctico: **los archivos digitales ocupan menos espacio y son más fáciles de consultar, buscar, modificar**, etc. En esencia, para lo que nos interesa en este libro, **ahorramos tiempo al usarlos**.

Lo haremos en tres fases:

A.   **Digitalizar** todos los papeles

B.   **Nombrar** los archivos de forma adecuada

C.   **Organizar** los archivos en carpetas ordenadas

### A. ¿Cómo digitalizar tus papeles?

El primer paso para ser más productivo con la organización de materiales consiste en **transformar todos los papeles en formato digital**.

En realidad, no es necesario que transformes todos tus documentos en papel a digital, es un buen momento para **seleccionar** los que de verdad son interesantes o imprescindibles y **reciclar el resto** al contenedor azul. Insisto, sólo conservamos los papeles que consideremos imprescindibles siguiendo nuestra directriz de ahorro de tiempo. El resto se recicla sin digitalizar. No pierdas tu valioso tiempo digitalizando papeles que no te van a resultar útiles.

Hay varios modos.

•   Si tienes **pocos papeles**, lo más sencillo es **usar el móvil para hacer fotos de los documentos** y transformarlos en pdf. Hay varias aplicaciones que puedes usar para esto, las cuales recortan los bordes automáticamente al hacer las fotos, las encuadran y transforman directamente en **formato pdf**. Es una tarea que pueden realizar tus hijos para ganarse la paga semanal. lo hacemos una vez y ya lo tenemos para siempre en formato digital. (@ → *"Apps para escanear documentos"*).

- Si tienes **muchos papeles** acumulados a lo largo de tu vida laboral, la mejor opción es **utilizar la fotocopiadora de tu centro de trabajo** (o en un servicio de copistería) como escáner que transforme todos los documentos a la vez en **un archivo con formato pdf.** ¡Atención!, no estoy hablando de hacerlo con cada uno de los papeles de forma individual subiendo y bajando la tapa del protector y escaneando, sino usando la bandeja de carga para que se haga **de forma automática, como cuando hacemos muchas fotocopias.** Es muy sencillo. Si no lo has hecho nunca o no sabes como funciona, puedes pedir ayuda al **personal administrativo** del centro o seguir algún tutorial. En minutos tendrás todos tus papeles digitalizados en formato pdf y podrás reciclar los restos. Este método lo puedes usar también con **materiales editados** que te parezcan útiles: cuadernos de actividades o problemas, ejercicios de repaso, cuadernos de prácticas, libretas de refuerzo o ampliación, etc. Simplemente les cortas el lomo con una guillotina y puedes digitalizarlos fácilmente en la fotocopiadora. Serán mucho más accesibles en ese formato.

### B. Elige nombres descriptivos pero breves

El segundo paso es **nombrar de forma descriptiva los archivos**, escribiendo en el título los detalles que resulten relevantes para identificarlos de un vistazo y que sepamos aproximadamente **qué contiene el archivo, a qué tema corresponde, de qué nivel se trata y el curso (año) en el que estamos.** Esto lo haremos tanto con los papeles que digitalicemos como con **todos los nuevos documentos que vamos a crear.** Mira la diferencia de información que aportan estas parejas de nombres para el mismo documento:

✗ *MAL: Ejercicios mates2*
✔ *BIEN: Problemas Mates T5 Algebra 1eso 2020*

✗ *MAL: Examen T5*
✔ *BIEN: Examen Mates T5 Algebra 1eso 2020*

* **ATENCIÓN**: Tampoco debemos pasarnos y tener un nombre "demasiado descriptivo y completo":

✗    *MAL: 20200915 Matematicas 1ESO Algebra Ejercicios de lenguaje algebraico y problemas Sencillos*

Necesitamos encontrar un equilibrio entre la información que nos aporta y que sea práctico de escribir y usar.

También es muy importante acostumbrarnos a usar este sistema para **nombrar TODOS los archivos que descargamos de internet**.

Antes de seguir: no te conviertas en un *"acumulador digital"*, no guardes material digital de todo tipo simplemente porque es fácil de descargar.

Cuando buscamos materiales (fichas, ejercicios, tareas, proyectos, etc.), **ANTES de descargarlos y archivarlos**, debemos revisarlos y valorarlos y **sólo los descargaremos si nos parecen interesantes**. Lo más importante en este caso es no dejar que se descargue en la **carpeta por defecto** de nuestro ordenador (*Descargas*, generalmente), donde se acumularán sin orden todo tipo de archivos y posteriormente deberemos dedicar unos minutos adicionales a clasificarlos, sino **directamente en la carpeta de destino adecuada**. Cambia la configuración en tu navegador para que te permita elegir la carpeta destino de las descargas.

Yo uso **Google Drive en el ordenador** (aunque hago alguna copia de seguridad en discos duros externos varias veces al año) para poder luego **acceder desde cualquier dispositivo** y así también poder compartir los materiales (documentos o carpetas completas) de forma sencilla. (@ → *Google Drive*)

Un último consejo: si has encontrado un material que promete pero no estás seguro si de verdad será útil y no tienes tiempo o ganas para decidirlo, simplemente comienza el nombre con *"Revisar"* y así sabrás que **no ha pasado todavía el filtro de utilidad** y deberás dedicar algún tiempo en el futuro.

• Ejemplo: *Revisar Ejercicios Mates T5 Algebra 1eso 2020*

Recomiendo usar los "tiempos muertos" para este tipo de revisiones y borrarlos si comprobamos que no nos sirven o guardarlos de forma permanente (tras cambiarles el nombre eliminando "Revisar") si nos parecen de verdad interesantes.

### C. Estructura tus carpetas de forma lógica

El tercer paso para ser más eficientes es establecer una buena organización en nuestras carpetas de archivos. Si esto te **parece de sentido común**, pregunta a algún compañero y te sorprenderá cómo algunos de ellos no tienen un sistema organizado, sino una **mezcla de numerosos archivos** desordenados sin lógica.

Entonces, ¿cuál es el sistema perfecto? No existe. **Debes usar el sistema que te funcione a ti**, pero teniendo en cuenta que debe ser coherente y estructurado.

Aquí os explico la organización mínima de mis carpetas en tres niveles para que os sirva de orientación o punto de partida hasta desarrollar vuestro propio sistema:

- En Drive, creo **una carpeta principal que contendrá todos los documentos del curso actual**

- Dentro de esta carpeta, creo una carpeta (Nivel 1) para cada asignatura-curso en las que doy clase. Ejemplo: *1ESO MATES, 1ESO BIOGEO, 3ESO BIOGEO*, etc.

  - **Duplico carpeta** si doy dos asignaturas diferentes al mismo curso. (Por ejemplo Biología-Geología y Matemáticas en 1º ESO).

  - **No duplico carpeta** para el curso si doy la misma asignatura a dos grupos, ya que contendrían los mismos documentos (Por ejemplo, si doy Biología-Geología a los grupos 1º ESO A y B).

  - Dentro de estas carpetas crearemos subcarpetas (Nivel 2) con todos los temas de cada asignatura y dentro de estas añadiremos los diferentes tipos de materiales (Nivel 3). Lo veremos más adelante.

- Una carpeta separada principal (Nivel 1) llamada **Notas** donde sólo están todas las **hojas de cálculo** en las que registro las calificaciones. Podrían estar dentro de cada curso en las carpetas correspondientes, pero así el acceso es más directo.

- Otra carpeta (Nivel 1) **Departamento** con los documentos relacionados: programaciones, actas de reuniones, anformes de recuperación, Informes de evaluación, etc.

- Si soy tutor (casi siempre lo soy) hay una carpeta **Tutoría** (Nivel 1) destinada a ello con subcarpetas variadas: plantillas de comunicación, listas de clase, informes de seguimiento, partes disciplinarios, etc.

Mira la estructura del directorio de Nivel 1 para un curso escolar:

| Nombre | Fecha de modificación | Tipo | Tamaño |
|---|---|---|---|
| 1ESO BIOGEO | 08/10/2021 12:28 | Carpeta de archivos | |
| 1ESO MATES | 08/10/2021 12:27 | Carpeta de archivos | |
| 3ESO BIOGEO | 08/10/2021 12:27 | Carpeta de archivos | |
| 4ESO CULTURACIENTIFICA | 08/10/2021 12:28 | Carpeta de archivos | |
| Departamento | 08/10/2021 12:01 | Carpeta de archivos | |
| Notas | 08/10/2021 12:01 | Carpeta de archivos | |
| Tutoria | 08/10/2021 12:27 | Carpeta de archivos | |

> Este equipo › Google Drive (G:) › Mi unidad › Curso Escolar ›

Dentro de cada carpeta de Asignaturas-Curso, deberíamos crear **una nueva carpeta (Nivel 2) para cada uno de los temas** que vayamos a trabajar y evaluar. Pueden coincidir con los del libro de texto o podemos usar una organización alternativa y personalizada. En general, estas decisiones se toman a nivel de departamento para que haya cierta coordinación pero hay mucho **margen de flexibilidad** para adecuarlo a nuestros métodos o preferencias

Esta podría ser la estructura de la carpeta de **1ESO BIOGEO** (Asignatura de Biología y Geología de 1º ESO), con todos y cada uno de los temas que se van a tratar a lo largo del curso (Nivel 2):

> Este equipo > Google Drive (G:) > Mi unidad > Curso Escolar > 1ESO BIOGEO >

| Nombre | Fecha de modificación | Tipo | Tamaño |
|---|---|---|---|
| T1 Universo y planetas | 22/11/2021 12:31 | Carpeta de archivos | |
| T2 Atmosfera e Hidrosfera | 22/11/2021 12:32 | Carpeta de archivos | |
| T3 Geosfera | 22/11/2021 12:32 | Carpeta de archivos | |
| T4 Celula y 5Reinos | 22/11/2021 12:32 | Carpeta de archivos | |
| T5 Bacterias y Hongos | 22/11/2021 12:32 | Carpeta de archivos | |
| T6 Plantas | 22/11/2021 12:33 | Carpeta de archivos | |
| T7 Invertebrados | 22/11/2021 12:33 | Carpeta de archivos | |
| T8 Vertebrados | 22/11/2021 12:33 | Carpeta de archivos | |
| T9 Ecosistemas | 22/11/2021 12:33 | Carpeta de archivos | |

Finalmente, dentro de la carpeta de cada tema podemos crear una nueva estructura (Nivel 3) donde agrupemos todos los documentos que tenemos por **tipos de materiales**. Esta organización final no es completamente necesaria pero ayuda a tener más ordenados todos los archivos y documentos que contienen las carpetas de los temas y nos ayudará a **navegar por ellas y a encontrar más fácilmente lo que buscamos**.

Esta podría ser la estructura de la carpeta de cualquiera de los temas:

> Este equipo > Google Drive (G:) > Mi unidad > Curso Escolar > 1ESO BIOGEO > T1 Universo y planetas >

| Nombre | Fecha de modificación | Tipo | Tamaño |
|---|---|---|---|
| Examenes | 08/10/2021 12:00 | Carpeta de archivos | |
| Material | 08/10/2021 12:00 | Carpeta de archivos | |
| Tareas | 08/10/2021 12:00 | Carpeta de archivos | |

Esta es la estructura que considero básica, pero se va adaptando a mis necesidades con flexibilidad (Por ejemplo, en algunos casos añado carpetas que centralizan actividades en inglés para el sistema bilingüe). He intentado alcanzar un **equilibrio** personal entre el objetivo principal de que los materiales estén **bien organizados** pero que no resulte **demasiado complicado** acceder a ellos porque haya demasiadas subcarpetas anidadas dentro de otras subcarpetas. Esto **no sería intuitivo ni directo**

## 2. Revisión de los archivos

Imagina que has puesto en práctica este sistema de ordenación de archivos y has acumulado documentos durante todo un curso. Al final de ese curso tendrás una **biblioteca completa y organizada de materiales** seleccionados.

Cuando empiece el nuevo curso escolar, creamos una nueva carpeta con el nombre del nuevo curso (Por ejemplo, *"Curso 2020-21"*) y **copiamos y pegamos progresivamente** nuestras carpetas completas del curso anterior. Así tendremos una primera base con la que comenzar con todos los materiales acumulados.

A partir de ese momento, hemos de ir revisando y actualizando los documentos para adecuarlos al nuevo curso:

- Si al revisar un material (ficha, test, lectura, tarea, examen, etc.) vemos que ya no nos interesa y no lo vamos a usar, lo borramos. **No debemos acumular materiales que no sean de utilidad.**

- Si modificamos un documento para actualizarlo o adaptarlo al nuevo curso (un examen, por ejemplo), simplemente le **cambiamos la fecha en el nombre** de archivo.

- Si añadimos nuevos materiales que encontramos en internet o nos pasan los compañeros, **seguiremos las reglas** que nos hemos marcado con los nombres y localizaciones para mantener nuestra organización.

Recomiendo no borrar totalmente las carpetas de cursos anteriores sino **hacer una copia de seguridad** para poder acceder a ellas en cualquier momento futuro. Por ejemplo, cuando queremos encontrar y recuperar materiales de una asignatura que dimos hace 4 cursos pero no hemos tenido en los últimos 3 años anteriores.

## 3. Acceso a los documentos

Tener un sistema tan ordenado facilita en gran medida la búsqueda de documentos:

- Cuando sé lo que busco, basta con seguir el **orden lógico de carpetas** y subcarpetas y lo encuentro rápidamente.

- Cuando no sé exactamente lo que busco o no recuerdo el nombre exacto, simplemente tecleo lo que busco en el **buscador de archivos de Google Drive** y, si hemos nombrado correctamente nuestros archivos, aparece de forma rápida para acceder a ellos.

Es un sistema que requiere una **planificación inicial y ser consistente** a la hora de nombrar los archivos, sobre todo cuando los descargamos de internet, pero que nos reportará una simplificación del trabajo y un ahorro de tiempo continuado durante todo el curso y toda nuestra vida laboral.

Lo ideal es que cada uno busque la mejor solución para su caso particular siguiendo las **directrices de estructura y nombres adecuados.**

## REFLEXIONA

---

- ✔ ¿Sigues teniendo gran parte de tus materiales en papel?
- ✔ ¿Pierdes mucho tiempo buscando tus documentos en el ordenador: exámenes, tareas, materiales…?
- ✔ ¿Cómo pones los nombres a los documentos que creas? ¿Tienes un sistema?
- ✔ Cuando descargas un archivo de internet, ¿cambias el nombre o dejas el que tenía? ¿Lo descargas en la carpeta predeterminada o en la que tú eliges?
- ✔ ¿Cómo organizas tus archivos en carpetas? ¿Cómo nombras las carpetas y subcarpetas?
- ✔ ¿Dónde centralizas los archivos de trabajo? ¿En el disco duro del ordenador? ¿Memoria USB? ¿Google Drive o similar?
- ✔ ¿Haces copias de seguridad frecuentes?

✔ Coge todos los papeles que aún tengas y selecciona los que sean útiles. Ten en cuenta también si te permitirán ahorrar tiempo. El resto, los tiras a reciclar

✔ Coge los papeles que has seleccionado y que sean útiles y digitalízalos con el móvil o con la fotocopiadora

✔ Aprende a usar Google Drive (o Dropbox o cualquier otro servicio de almacenamiento online) y sube allí todos tus archivos

✔ Borra todos los archivos y documentos que no usas ya

✔ Si no tienes un sistema para nombrar los archivos, decídelo ahora y empieza a usarlo ya

✔ Si no tienes una estructura ordenada en tus carpetas, decídela ahora y empieza a usarla ya

# 10. BUSCA Y ORGANIZA MATERIAL DE INTERNET DE FORMA EFICIENTE

En la preparación de las clases vamos a necesitar frecuentemente otros materiales además del libro de texto y el libro del profesor. Muchas editoriales proporcionan un acceso a **recursos en papel u online** que pueden ser más o menos apropiados. Estos podrían ser una primera fuente de recursos educativos que podemos explorar.

Sin embargo, **no siempre será suficiente** con estos recursos y tendremos que buscar otros materiales en internet. Pero tampoco podemos dedicar mucho tiempo a **buscar constantemente nueva información**, sino tratar de guardar aquellas webs y videos que nos parezcan interesantes y crearnos una biblioteca personalizada que sólo tengamos que actualizar cada curso o ampliar cuando enseñemos nuevas asignaturas.

---

**RESUMEN DE PRODUCTIVIDAD**

✔ **Dificultad de poner en práctica:** Muy fácil

✔ **Tiempo necesario para comenzar a usarla:** Mínimo

✔ **Potencial de ahorro:** Bajo

✔ **Velocidad de obtención de resultados:** Muy rápida

✔ **Ventaja adicional:** Al tener ordenadas las webs de consulta, podremos compartirlas más fácilmente

---

## 1. Minimalismo y eficiencia en los marcadores del navegador

En mi opinión, es mejor tener **pocos recursos bien seleccionados** que una gran cantidad pero menos apropiados. Es como con los amigos, prefiero tener pocos y buenos. Por lo tanto, recomiendo dedicar algo más de tiempo a **buscar y seleccionar bien estos recursos** y almacenarlos de forma ordenada para acceder a ellos sin problemas cuando los necesitemos.

Es muy importante mantener una **estructura ordenada** donde guardar nuestros recursos y poder recuperarlos fácilmente para evitar pérdidas de tiempo decidiendo dónde guardarlo y también a la hora de consultarlos.

**\* ATENCIÓN:** Si no sabes cómo usar los **marcadores-favoritos** (El nombre es diferente según el navegador, yo usaré preferentemente el primero) del navegador de internet, te recomiendo que dediques unos minutos a buscar información sobre este tema para sacar el máximo partido a la explicación que sigue. (@ → *"Cómo usar los marcadores/favoritos del navegador"*).

### A. Ordenando la información en los marcadores del navegador

Para empezar, yo suelo tener algunos enlaces a **webs de materiales y ejercicios acumulados** de otros cursos, así que gran parte del trabajo consiste en comprobar que los enlaces ya guardados son funcionales y siguen siendo apropiados.

Pero supongamos que no los tengo y debo **comenzar desde cero**:

**a)** A menos que disponga de un ordenador portátil específico destinado al trabajo, uso siempre un **navegador diferente** para asuntos personales y laborales (Capítulo 2). Mis opciones suelen ser Chrome y Firefox, pero cualquier pareja serviría. Hago siempre **visible la barra de marcadores**. (@ → *"Cómo hacer visible la barra de marcadores/favoritos"*).

**b)** Para empezar, de modo parecido a los materiales en el Drive, creo mi estructura básica de **carpetas principales** (Nivel 1) en los marcadores de la barra del navegador. Asigno una carpeta a cada asignatura de **cada curso y asignatura que imparto**: *1ESO BioGeo, 1ESO Mates,* etc.

c) A continuación, dentro de cada una de ellas creo un **sistema de subcarpetas (Nivel 2):** siempre una *General* y una para cada Tema de esa asignatura, por ejemplo: *T1 Universo y Planetas, T2 Atmosfera e Hidrosfera,* etc. Con esto ya tengo una **estructura básica ordenada** donde ir añadiendo mis materiales de consulta. Esto puede ser más sencillo o un poco más complejo en función del navegador que estemos usando. En algunos casos muy específicos, puedo crear otro nivel de subcarpetas separando apartados principales del tema (*Big Bang, Planetas, Luna,* etc.) o separando tipos de recursos (*Webs, Experimentos, Proyectos, Ejercicios,* etc.). Sin embargo, **cuanto más simple sea la estructura, mejor, porque será más sencilla de entender, manejar y navegar.**

**e)**   Ahora ya puedo hacer búsquedas de materiales por internet y, cuando encuentro alguno que me parezca interesante, **arrastrarlo a la carpeta correspondiente para archivarlo allí**. Por ejemplo, si encuentro un texto muy interesante sobre el Big Bang, me lo llevo arrastrando con el ratón y lo coloco en la carpeta de *1ESO BioGeo* y subcarpeta de *T1 Universo*. A veces, encontramos una web muy completa que podremos usar en varios temas del mismo nivel, entonces lo archivamos en la **subcarpeta General**.

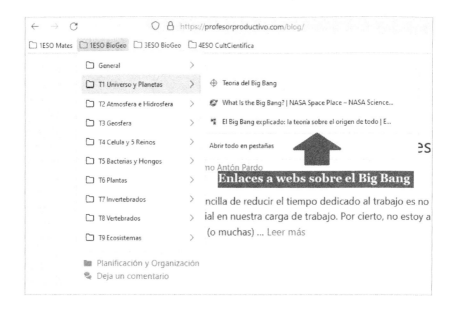

**f)**   Para no mezclar los tipos de recursos (aunque podríamos crear nuevas subcarpetas, como he comentado), yo uso **la parte superior de la carpeta para acumular las webs informativas y la parte inferior para proyectos, ejercicios, experimentos**... arrastrando y colocando el enlace directamente a la zona correspondiente. Pero esto no es necesario, sólo una preferencia mía.

**g)**   Hemos de recordar que no se trata de almacenar muchos materiales, sino de **quedarnos con unos cuantos que nos parezcan importantes, relevantes y apropiados** para nuestra forma de enseñar, así que el paso adicional que hago es situar los enlaces más arriba o más abajo en la carpeta correspondiente según me parezcan más o menos importantes, de forma que estoy **priorizando la importancia del recurso según su posición.** Tampoco es imprescindible, sólo un truco que uso cuando lo necesito.

**h)** Del mismo modo, **revisamos y eliminamos** de nuestros marcadores aquellos que no usemos o que no nos parezcan interesantes. De esta forma, los mantenemos actualizados.

**i)** Si **algún profesor nos recomienda una web** y confiamos en su criterio o si encontramos recomendaciones en blogs, podemos acceder a ellas y revisarlas. Si nos gustan, las incorporamos a nuestra biblioteca de enlaces.

### B. Exportar e importar marcadores

Si creamos esta estructura a principio de curso por primera vez, podremos ir acumulando nuestros materiales en el lugar correspondiente y tener **nuestra biblioteca personal de enlaces** de acuerdo a nuestros gustos y necesidades.

Al final de curso (aunque yo recomiendo también hacer copias de seguridad periódicas para evitar imprevistos), simplemente **exportamos los marcadores que hemos acumulado** y se nos genera un **archivo con formato html que podemos guardar y seguir usando el curso siguiente**, actualizándolo. (@ → *"Cómo exportar/importar marcadores en el navegador"*).

Este archivo de marcadores permite también **copiar y pegar estos enlaces en un documento de texto** estándar o en un mail, por si queremos **compartir algunos de estos enlaces** con otros compañeros que nos piden información.

El curso siguiente dispondremos inmediatamente de los materiales que habíamos usado el curso anterior y sólo debemos **revisarlos, actualizarlos o ampliarlos**, lo cual nos llevará mucho menos tiempo.

### 2. Listas de reproducción en Youtube

Hubo un tiempo en que la wifi de los institutos no funcionaba bien y los videos de Youtube se paraban constantemente y era imposible verlos sin interrupciones. Yo siempre **he usado muchos videos en las clases de ciencias**, así que cuando veía un video interesante, lo descargaba en una memoria USB que llevaba a todas partes y me servía para proyectarlos.

Afortunadamente, en la actualidad la mayoría de los centros educativos de España tienen una buena wifi y podemos proyectar videos directamente desde Youtube sin problemas (salvo la intrusiva publicidad inoportuna…). Para ello lo único que tenemos que hacer es **usar Youtube con nuestra cuenta de gmail corporativa** o (una creada a propósito, nunca con nuestro mail personal) y **clasificar los videos interesantes en *"Listas de reproducción"* bien etiquetadas**: *1ESO BioGeo T1Universo, 3ESO BioGeo T2Alimentación, 1ESO Mates T1NúmerosNaturales*, …

Desafortunadamente aún **no se pueden crear carpetas para agrupar listas** de reproducción, de ahí que tengamos que ser tan explícitos y repetitivos con los nombres de nuestras listas. Es posible que esto cambie en el futuro.

**\* ATENCIÓN:** Si en tu instituto o colegio no funciona bien la wifi para usar Youtube directamente pero sí puedes proyectar los videos, puedes usar un USB con videos descargados y aplicar el mismo sistema de carpetas ordenadas que he explicado en el capítulo 9 para documentos.

### ¿Cómo crear una lista de reproducción en Youtube?

**A.** Buscamos videos en Youtube que nos interese

* Recomiendo usar una **velocidad de reproducción** de 1,5x-2x para verlo más rápidamente

* Para no exceder el **límite de atención de los estudiantes**, seleccionar videos con duración máxima de 5-8 minutos

**B.** Si el video nos gusta, clicamos en "**Guardar**" (Bajo el video, a la derecha)

* Si ya tenemos una lista de reproducción previa donde podamos clasificar el video, lo asignamos directamente a ella

* Si no hay ninguna lista, creamos una nueva con el nombre adecuado

Ya está, ya tenemos nuestra **videoteca de recursos educativos en Youtube.**

Cuando queramos proyectar los videos, accedemos a nuestra cuenta de Youtube y en la barra izquierda aparecerán todas nuestras listas de reproducción. Por defecto, las listas serán privadas y sólo podremos acceder desde nuestra cuenta, pero también **podemos hacerlas públicas** (para lo que hay que crear un canal, aunque sin necesidad de publicar tus propios videos) para **compartirlas con otros profesores o con los estudiantes.**

Como apunte final, Youtube también permite **crear listas de reproducción colaborativas,** por si queremos crear una de ellas con otros profesores del departamento y enriquecerla con videos de calidad entre todos. (@ → *"Cómo crear una lista de reproducción colaborativa en Youtube")*

# REFLEXIONA

✔ ¿Cómo organizas los enlaces de páginas web que te resultan interesantes para el trabajo?

✔ ¿Cómo organizas los videos interesantes para tus clases? ¿Descargas el video? ¿Guardas el enlace? ¿Creas una lista en Youtube?

✔ ¿Compartes webs o videos interesantes con los compañeros de departamento? ¿Cómo lo haces?

✔ ¿Tienes alguna web o canal de Youtube favoritos a los que siempre recurres para encontrar material de calidad?

✔ ¿Sigues a algún educador en redes sociales o blog que seleccione y comente materiales de todo tipo para tus asignaturas?

# PRACTICA

✔ Crea una carpeta de marcadores sólo para uno de los temas de sólo una de tus asignaturas y empieza a organizarlos allí

✔ Cuando tengas más práctica, crea marcadores para todas las asignaturas y temas.

✔ Exporta tus marcadores y comparte el archivo por mail con algún compañero de departamento para que pueda usarlos

✔ Crea una lista de reproducción con los videos de un tema de una de tus asignaturas y archiva algunos videos en ella

✔ Abre un canal y haz que la lista sea pública. Compártela con los estudiantes y otros profesores

✔ Pregunta a los compañeros del departamento por webs, blogs, canales o videos interesantes para uno de los temas que estés trabajando ahora mismo

# 11. COMPARTE MATERIALES

Si algo he aprendido a lo largo de mis 20 años de experiencia docente, es que necesitamos la **ayuda y apoyo de nuestros compañeros** o nos volveríamos locos. Una de las formas más eficientes de ofrecer y obtener ayuda es **compartir nuestros materiales**.

Como ya he explicado en el capítulo 8, la tarea que menos tiempo nos cuesta de preparar es la que está ya hecha, y generalmente con los **profesores de nuestro departamento** podremos compartir **materiales adecuados** para cada tema, cada nivel, cada tipo de tarea, etc.

De nuevo, no estoy proponiendo que nos convirtamos en el "profesor pedigüeño" que pide y pide y pide materiales sin aportar nada a cambio, sino que creemos un **clima de compañerismo y colaboración** donde se puedan **ofrecer y solicitar materiales** sin crear tensiones ni malentendidos.

Sólo en casos muy puntuales, algún profesor se ha sentido molesto cuando le he preguntado si me podía pasar un modelo de examen para adaptarlo. Mucho más raramente cuando he ofrecido mis materiales, como si el hecho de ofrecer materiales supusiera alguna duda sobre su capacidad docente. Sin embargo, la mayoría de los profesores estamos **encantados de recibir ayuda** cuando la necesitamos y, asimismo, ofrecerla cuando disponemos de la ocasión.

### 1. Nivel inicial - Compartir por mail

Una forma muy sencilla de ofrecer materiales es **usar el mail**.

• Por ejemplo, imagina que yo he encontrado una actividad en internet que considero interesante para el tema actual, la he probado en mis clases y funciona con los estudiantes. Creo que es buena idea compartirla, así que se la envío a los compañeros del departamento a los que les pueda resultar útil. Esto es importante: **no la envío a todos los profesores del departamento**, sino sólo a los que dan clase de asignaturas en las que podrían usarla, así evito saturar sus bandejas de entrada con mailes innecesarios. Adicionalmente, intento que el mail sea breve y descriptivo y que el material esté en un **formato que se pueda editar** por si quieren adaptarlo o transformarlo (**No formato pdf**, que supone más problemas de edición)

• Del mismo modo, cuando necesito material, mando un breve mail a los compañeros del departamento preguntando si alguien tiene **algo preparado y me lo puede pasar**. Incluso aunque no sea exactamente lo que necesito, siempre es **más rápido que buscar en internet** y, por supuesto, que crear la tarea desde cero. Para ello, evidentemente, hay que **planificarse con tiempo**.

Algunos habréis pensado: **¿por qué mail y no WhatsApp?** Esta aplicación tiene mayor inmediatez que el mail, por lo que podría ser más rápido y eficiente. En mi experiencia, los profesores usamos más

WhatsApp como red social personal y el mail como aplicación de trabajo, así que personalmente prefiero no mezclar ambos contextos. Pero pregunta en tu departamento qué vía prefieren.

### 2. Nivel intermedio - Carpeta compartida de Google Drive

Ya he hablado en el capítulo 3 sobre las ventajas de las **aplicaciones de Google** en la planificación y organización del trabajo, principalmente gmail y Google Calendar. También he comentado (Capítulo 9) cómo yo uso **Google Drive para almacenar todos mis materiales**.

Podemos sacar beneficio de la comodidad de esta herramienta y la sencillez con la que podemos compartir archivos o carpetas **creando una carpeta compartida con los compañeros de departamento** donde iremos aportando nuestros materiales y accediendo a ellos cuando los necesitemos. Se trata de crear una **biblioteca digital** de recursos abierta donde todos los componentes del departamento aporten materiales y tengan la posibilidad de descargarlos.

Lo único necesario es ponerse de acuerdo en dos reglas:

A) Que se establezca una **estructura lógica** que sea fácil de entender y navegar

B) Que haya unos criterios mínimos para **etiquetar los nombres de los documentos** aportados

Revisa el capítulo 9 sobre los materiales digitales con mis sugerencias respecto a ambos temas.

Como ventaja adicional, es una biblioteca que permanece en el tiempo y puede ser **utilizada y ampliada a lo largo de diferentes cursos**.

### 3. Nivel avanzado - Comparte materiales en un blog o web

Esta propuesta la comento porque es una forma de compartir materiales, aunque no repercutirá directa ni rápidamente en un ahorro de tiempo para ti (más bien al contrario), pero puede suponer **la** creación de una red cooperativa que en el medio y largo plazo supondría un ahorro de tiempo para muchos profesores.

De la misma forma que compartimos materiales con los compañeros cercanos del departamento, ¿por qué no compartirlos con todo aquel que esté interesado? ¿Por qué no abrir y **compartir estos materiales con el mundo entero?** Creamos una web o blog y ordenamos nuestros materiales para que cualquiera pueda descargarlos. Existen herramientas como **blogger, Google Sites o wordpress** que permiten crear de forma simple **una página web o un blog de forma gratuita.**

La principal ventaja es que daremos gran difusión a los materiales y nos puede ayudar si estamos intentando desarrollar una **reputación online como expertos docentes.**

En el lado negativo, requiere un aprendizaje de nuevas habilidades digitales (lo cual nos costará cierto tiempo), no resulta sencillo de configurar para que **los lectores puedan aportar materiales** y, finalmente, al hacer totalmente públicos todos estos materiales, debemos **respetar los derechos de autor** para evitar problemas legales.

### 4. Listas de reproducción en YouTube

En el contexto de la situación de superabundancia de contenidos en la que vivimos y la cantidad de tiempo que cuesta seleccionar buenos materiales, **los videos realmente útiles en la enseñanza deben considerarse como tesoros.** Como herramienta pedagógica pueden resultar muy útiles en muchas ocasiones donde los textos y las fotografías no alcanzan.

Como vimos en el capítulo anterior, una forma sencilla de compartirlos es **crear listas de reproducción públicas** en nuestra cuenta de YouTube. No estoy hablando de crear nuestros propios videos para subirlos a nuestro canal, aunque también puede ser interesante, sino de agrupar los videos que otras personas han creado, y nosotros hemos revisado y seleccionado, en listas de reproducción temáticas de forma que podamos **compartir nuestra selección** con estudiantes y otros profesores. Es muy sencillo de iniciar y mantener y nos permite tener una **videoteca virtual en YouTube** a la que acceder desde cualquier dispositivo con conexión a internet, además de compartirla con el mundo entero.

### 5. Comparte experiencia

Igual que antes, no es una forma de ahorrarnos tiempo individualmente, pero supone una estrategia cooperativa que puede beneficiar a muchos profesores y de la que nosotros nos beneficiamos constantemente. Hasta ahora en este capítulo me he centrado en compartir materiales digitales para mejorar nuestra productividad y ahorrar tiempo, a la vez que mejoramos nuestra docencia. Sin embargo, no es lo único que podemos compartir. **Lo más interesante que los docentes podemos compartir es nuestra experiencia.**

Del mismo modo que compartimos materiales, podemos ofrecer experiencia si nos encontramos la ocasión y solicitarla cuando la necesitemos. En la mayoría de los casos, los profesores con los que trabajamos responderán magníficamente. Os pongo un par de ejemplos que he vivido:

• En uno de los centros donde trabajaba, observé que los estudiantes tenían unas fotocopias con unos extraños dibujos geométricos. Cuando les pregunté, me respondieron que *"la profe de mates usa* **Plickers** *para hacer tests en clase"*. Otro día haciendo un recorrido de guardia, vi que la profesora lo estaba utilizando en su clase y le pedí permiso para entrar y observar unos minutos lo que hacía y cómo funcionaba, sin ser muy intrusivo. Enseguida me pareció una excelente aplicación para evaluar y ahorrar tiempo, además de que a los estudiantes les encantaba. Le pedí que me explicara brevemente cómo funcionaba y cómo la usaba ella (esos trucos que sólo se aprenden con el uso) y la semana siguiente ya la había comenzado a usar con mis estudiantes.

• Aunque parezca increíble, sigue habiendo profesores que calculan sus medias con calculadora… En otro de los institutos, antes de las evaluaciones del primer trimestre, me di cuenta de que una profesora estaba con su cuaderno de notas de papel y **calculando las medias ponderadas con una calculadora.** Le pregunté si conocía las hojas de cálculo (era antes de que se perfeccionaran los cuadernos de profesor digitales) y las ventajas que tenían a la hora de recoger notas y calcular medias. A pesar de sus reticencias iniciales, le creé una plantilla donde sólo tenía que copiar y pegar los nombres de los estudiantes y apuntar sus notas y automáticamente le salía la media. Le contesté todas las dudas que tenía y lo incorporó en las notas de todos sus grupos. Me lo estuvo agradeciendo hasta el final de curso.

Aunque no compartamos todos nuestros materiales, siempre podemos crear un blog, una web o usar las redes sociales (Instagram, Twitter, Pinterest) para **compartir nuestros conocimientos y nuestra experiencia**, como he hecho yo con este libro y con la web www.profesorproductivo.com.

## REFLEXIONA

---

✔ ¿Compartes habitualmente materiales con tus compañeros del departamento? ¿Qué método usáis?

✔ ¿Tenéis una biblioteca de recursos compartidos en el departamento? ¿Se podría poner en marcha fácilmente?

✔ ¿Mantienes algún blog o web donde aportes materiales o compartas tu experiencia docente? ¿Te gustaría aprender a hacerlo?

✔ ¿Compartes de alguna forma tu experiencia docente en redes sociales?

✔ ¿Sigues algún blog o red social de docentes con trucos, consejos, ideas, materiales,…?

# PRACTICA

✔ Pide a algún compañero de departamento que te pase alguna ficha o test listos para usar

✔ Ofrece a algún compañero de departamento alguna actividad o examen tuyo

✔ Crea una carpeta en Google Drive con recursos bien ordenados y nombrados de alguna asignatura y compártela con tus compañeros de departamento

✔ Crea una lista de reproducción con los videos de un tema de una de tus asignaturas y archiva algunos videos en ella. Haz que la lista sea pública. Compártela con los estudiantes y profesores

✔ Busca blogs o redes sociales de profesores que hablen de temas que te interesen y de los que puedas sacar ideas

# PARTE III

# EVALUACIÓN Y CALIFICACIÓN

# 12. REDUCE EL NÚMERO DE PREGUNTAS EN LOS EXÁMENES

En la introducción he nombrado la regla de las **3R: Reducir, Reutilizar, Reciclar** y en capítulos anteriores me he centrado en cómo podemos **reutilizar o reciclar materiales** que ya tenemos o que hemos obtenido de internet o de otros compañeros. En este capítulo nos concentraremos en la idea de la reducción aplicada a los exámenes, tests, tareas y, en general, a cualquier actividad evaluable.

---

**RESUMEN DE PRODUCTIVIDAD**

✔ **Dificultad de poner en práctica:** Ultrafácil

✔ **Tiempo necesario para comenzar a usarla:** Lo que nos cuesta borrar una pregunta del examen y reajustar los puntos

✔ **Potencial de ahorro:** Medio-Alto y para siempre

✔ **Velocidad de obtención de resultados:** Muy rápida

✔ **Ventajas adicionales:** Los exámenes más cortos beneficiarán también a los estudiantes

---

### 1. Menos preguntas, menos apartados

Vamos a hablar de exámenes y tareas (o cualquier material) que tengamos que corregir y calificar. Antes de usarlos con los estudiantes, debemos parar, revisarlos y preguntarnos: **¿puedo eliminar alguna pregunta o apartado que no sea estrictamente necesario?**

Si existe la posibilidad de eliminar alguna pregunta, entonces la quitamos y posteriormente lo agradeceremos por el **tiempo ahorrado cuando tengamos que corregirlo.** Es una medida muy sencilla pero que nos puede resultar en un gran ahorro de tiempo.

### Pequeño cálculo del tiempo

Esto se debe, como he comentado anteriormente, al hecho de que trabajamos con números grandes de estudiantes y **cualquier pequeño tiempo dedicado a corregir tiene efecto aditivo en el total final.**

Hagamos un pequeño cálculo aproximado para un supuesto examen estándar con valores ficticios pero razonables:

- Supongamos que tenemos un examen con 10 preguntas y que corregir cada pregunta nos lleva 30 segundos.

- Corregir cada examen nos llevará 30 x 10 = 300 segundos, es decir, 5 minutos.

- Si el grupo tiene 24 estudiantes (aunque en realidad, es más frecuente que tengamos 30 estudiantes, pero vamos a dejar 24 para que nos salgan los números redondos...), corregir el examen completo nos llevará 5 x 24 = 120 minutos, dos horas.

- Necesitarás un par de pausas intermedias de descanso y el tiempo completo se acercará más a 2 horas y media.

Ahora imagina que, sin cambiar ninguna otra cosa del examen, **eliminamos 2 preguntas** que no sean relevantes y nos quedamos con 8 preguntas por examen, ajustando los puntos de las otras para que el total sea de 10, obviamente:

- Ahora, corregir cada examen nos lleva 4 minutos (8 x 30 = 240 segundos = 4 minutos), hemos ahorrado 1 minuto por cada examen y ganamos 24 minutos en el grupo completo, ¡casi **media hora menos de corrección** en el examen sin apenas esfuerzo!

Lo mismo que he dicho sobre las preguntas es **aplicable a los apartados de las preguntas** del examen.

¿Podemos reducirlos? ¿Podemos eliminar alguno? Si en lugar de corregir 4 apartados en una pregunta los dejamos en 2, inmediatamente hemos reducido el tiempo de corrección de esa pregunta a la mitad y el efecto se suma en todos los exámenes del grupo.

Recuerda, debemos arañar cualquier minuto de cualquier actividad para que el efecto acumulativo sea significativo y consigamos un ahorro de tiempo importante. **Cada minuto cuenta.**

### 2. Elimina preguntas muy parecidas o duplicadas

A veces los profesores nos empeñamos en preguntar los mismos conceptos de formas diferentes en un examen. No es necesario. Basta con **preguntar una vez cada contenido para poder evaluarlo.**

Seguro que se os ocurren algunas objeciones: *"Es que a veces los estudiantes no saben una cosa si la preguntamos de una forma pero la saben responder si lo preguntamos con otro enfoque…"*

**Respuesta:** Mala suerte para ellos. **No podemos preguntar con TODOS los enfoques posibles** para satisfacer a TODOS los estudiantes.

**Solución:** Pregunta las cosas con **exactamente el mismo enfoque que se ha enseñado** y trabajado en clase o en las tareas, así evitarás estos problemas.

### Ejemplo 1

Mira estas dos preguntas de la misma tarea de Biología y Geología de 1º ESO, tema de Atmósfera:

* *Explica con detalle qué es el ciclo del agua y sus procesos*
* *Define estos conceptos relacionados con el ciclo del agua:* **evaporación, transpiración, condensación, precipitación, escorrentía e infiltración**

Si nos fijamos, se preguntan los mismos contenidos pero con enfoques diferentes. En la primera se busca comprobar la habilidad de redactar un texto y en la segunda la capacidad de síntesis en las definiciones. Pero realmente **estamos evaluando los mismos contenidos**. Podemos perfectamente **eliminar una de las dos preguntas de la tarea y reajustar los puntos**. ¿Cuál dejaríamos? Sin duda, la segunda, ya que tiene una estructura más sencilla de corregir (Mira el capítulo 13 para ver ejemplos de estructuras fáciles de corregir).

### *Ejemplo 2*

Observa estos dos problemas del mismo examen de Matemáticas del tema de operaciones básicas de números naturales:

- *Un granjero recoge 404 huevos y los envasa en cajas de doce huevos. Calcula cuántas cajas usará. Indica además cuántos huevos sobrarán si es el caso*

- *Un confitero produce 153 dulces que reparte en 8 bandejas. Si todas las bandejas deben tener el mismo número o de dulces: ¿Cuántos dulces tendrá cada bandeja? ¿Cuántos dulces sobrarán tras el reparto?*

De nuevo, aunque los enunciados son diferentes, vemos que la estructura de los problemas es casi idéntica y requiere la misma operación matemática para resolverlos. Eliminamos uno y dejamos el otro.

### 3. Elimina apartados de preguntas

El examen (o tarea) es un muestreo de los conocimientos que tiene el estudiante, no un estudio exhaustivo de TODOS sus conocimientos del tema. Por tanto, **podemos seleccionar partes relevantes (o aleatorias)** de los diferentes aspectos del tema y esto nos dará una estimación de sus conocimientos totales. **No es necesario preguntarlo TODO.**

En el lado práctico, **cuantos menos apartados tenga una pregunta, menos tiempo llevará corregirla** y nos ahorraremos ese tiempo no empleado. Pero también tiene **beneficios para los estudiantes**, que generalmente **responden mejor** a exámenes cortos que a otros más largos y **se estresan menos** por la falta de tiempo. Todos salimos ganando.

### *Ejemplo 1*

Revisemos el ejemplo anterior del ciclo del agua:

- *Define estos conceptos relacionados con el ciclo del agua:* **evaporación, transpiración, condensación, precipitación, escorrentía e infiltración**

- *Define estos conceptos relacionados con el ciclo del agua:* **evaporación, condensación y precipitación**

En lugar de preguntar los 6 procesos implicados, nos concentramos en preguntar sólo 3 de ellos, de modo que reducimos a la mitad el tiempo de corrección en esta pregunta para cada tarea sin dejar de comprobar (muestrear) los conocimientos del estudiante.

### *Ejemplo 2*

De nuevo, veamos una pregunta de examen de Matemáticas de 1º ESO, operaciones con números naturales. Supongamos esta pregunta con 4 apartados:

*Realiza estos cálculos:*

**a)** $749 + 821 + 54 =$

**b)** $850 + 42 + 743 =$

**c)** $907 - 688 =$

**d)** $243 - 135 =$

Nos damos cuenta de que hay dos operaciones de sumas y dos de restas que son totalmente equivalentes. Bastaría con dejar una de cada:

*Realiza estos cálculos:*

**a)**     *749 + 821 + 54 =*

**b)**     *907 − 688 =*

La pregunta es ahora más breve para los estudiantes y nosotros completamos la corrección de la pregunta ¡en la mitad del tiempo!

## REFLEXIONA

- ✔ ¿Eres de los que preguntas TODO en los exámenes o simplemente haces una selección de contenidos?
- ✔ ¿Tienes preguntas duplicadas en los exámenes con diferentes enfoques pero que en esencia preguntan lo mismo?
- ✔ ¿Revisas todos tus exámenes y tareas antes de utilizarlos desde el punto de vista del ahorro de tiempo en la corrección?
- ✔ ¿Cuánto tiempo de corrección podrías ahorrar haciendo esto?

## PRACTICA

- ✔ Coge un examen que vayas a pasar y quita una pregunta. Quita algún apartado de otra pregunta. Ajusta los puntos. Acabas de ahorrar 10-15 minutos en la corrección y en tu vida.
- ✔ Coge una tarea que vayas a corregir posteriormente y quita una pregunta. Quita algún apartado de otra pregunta. Ajusta los puntos. Acabas de ahorrar otros 10-15 minutos de tu vida.
- ✔ Escribe en un Post-it: "**Quita una pregunta del examen**" y pégalo en tu ordenador o zona de trabajo como recordatorio

# 13. DISEÑA EXÁMENES FÁCILES DE CORREGIR

Cuando usamos en nuestra enseñanza materiales de cualquier tipo (tareas, fichas, tests, exámenes, proyectos, etc) que posteriormente tenemos que evaluar, estamos acostumbrados (y legalmente obligados) a **incorporar objetivos pedagógicos** (contenidos, criterios, estándares) que deben cumplirse para que tengan un sentido educativo y una utilidad práctica.

Yo, desde hace ya tiempo, incorporo un objetivo personal adicional irrenunciable a todo lo que preparo: **cualquier actividad en papel (examen, test o tarea) que yo vaya a evaluar debe ser FÁCIL DE CORREGIR**.

**Si es fácil de corregir, es rápido de corregir.** Si no es fácil de corregir, lo vuelvo a revisar teniendo en cuenta este objetivo y hago las modificaciones necesarias hasta alcanzar un **equilibrio entre los objetivos pedagógicos y mi directriz personal de facilidad de corrección**. Siempre se puede revisar desde esta perspectiva todo lo que hagamos y repercutirá en tiempo ahorrado y en una mejora de nuestro bienestar.

En los ejemplos que utilice, me centraré en los exámenes, ya que suelen ser los que más tiempo nos llevan de corregir, pero todo lo que aporte puede usarse para cualquier tipo de tareas, tests, proyectos escritos, etc.

Las claves principales están en la **estructura**, que explicaré a continuación, y en el **sistema de calificación**, que comentaré en el capítulo 15.

### 1. Más estructura = Menos tiempo

El principal secreto para conseguir exámenes fáciles de corregir es darles una **estructura externa** que fuerce a los estudiantes a responder de forma ordenada y permita corregirlos de modo fluido y además dotar a las **preguntas con una estructura interna** que guíe sus respuestas y posterior corrección. Como efecto positivo adicional, este tipo de exámenes **ayuda a los estudiantes.**

### 2. Distribuye las preguntas por el papel del examen

NUNCA redactes exámenes con una lista de **preguntas acumuladas al principio** y sin espacio asignado para cada una de ellas. Es una **invitación al desorden** y a perder tiempo corrigiendo.

Los estudiantes **escriben sin límite ni control** y se nos acumulan preguntas desordenadas, tachones, preguntas incompletas que luego siguen en otro papel, etc. Seguro que te ha ocurrido que, cuando estás corrigiendo, llegas a ese examen totalmente caótico y desordenado y lo pones el último del montón porque no sabes ni por donde empezar a corregir…

Mira cómo **NO** hay que acumular las preguntas en una lista al principio de un examen ficticio de ciencias.

**✗ MAL**

## Examen de Ciencias

1. *Define estos conceptos relacionados con el ciclo del agua: evaporación, condensación, transpiración, precipitación*

2. *Explica con detalle el proceso de fotosíntesis en plantas*

3. *Haz un dibujo de una célula y pon los nombres de sus partes*

4. *Nombra las diferencias entre la célula animal y vegetal*

5. *Nombra en orden las 5 capas de la atmósfera, la altura que alcanzan y una característica de cada una de ellas*

Vamos a trabajar con estas mismas preguntas para que veas cómo al cambiar la estructura se facilitará su corrección.

### 3. Asigna un espacio limitado para las respuestas

Excepto que tengas problemas para hacer fotocopias, es preferible usar **más papel fotocopiado**, **distribuir todas las preguntas** ordenadamente a lo largo de las fotocopias y que cada pregunta tenga **asignado un espacio limitado** (pero suficiente o incluso generoso para una respuesta razonable) donde debe estar la respuesta. Tal vez usarás más papel, pero ahorrarás mucho tiempo en el proceso de corrección.

De la misma forma, si una pregunta contiene diferentes apartados, los separaremos para forzar la estructura y el orden que nos facilitará la corrección.

Si hay estudiantes que escriben mucho o con la letra muy grande, siempre ofréceles la posibilidad de ampliar en otro papel, pero es preferible que se trate de la excepción y no de la norma.

**✗ MAL**

*Define estos conceptos relacionados con el ciclo del agua:* **evaporación, condensación, transpiración, precipitación**

✔ **BIEN**

---

Define estos conceptos relacionados con el ciclo del agua:

**evaporación:**

**condensación:**

**transpiración:**

**precipitación:**

---

De esta forma se distribuyen las mismas definiciones en el papel dando espacio limitado para responder a cada una de ellas y evitando el desorden al contestar los estudiantes.

### 4. Haz preguntas concretas

Nada de preguntas abiertas "para desarrollar". Haz **preguntas concretas y específicas**, con apartados explícitos claramente marcados.

En lugar de tener que leer un largo texto redactado donde tú has de localizar los datos y determinar si el estudiante ha recogido la información relevante, pregunta concisa y directamente por esos datos principales que quieres comprobar que ha aprendido. Así verificarás si los estudiantes han adquirido los conocimientos sin tener que perder tiempo de corrección.

Da estructura al espacio destinado a la respuesta para facilitar la corrección. En cuanto a los apartados, recomiendo que sean 2, 4 o 5 para que posteriormente sea mucho más fácil calificar y sumar los puntos de esa pregunta (Revisa el capítulo 15)

✗ **MAL**

*Explica con detalle el proceso de fotosíntesis en plantas*

**✔ BIEN**

Responde a estas preguntas sobre el proceso de la fotosíntesis en plantas:

a) ¿En qué parte de la planta ocurre?

b) ¿En qué orgánulo celular se realiza?

c) ¿Cómo se llama el pigmento verde que capta la energía solar?

d) ¿Qué compuestos químicos son necesarios?

e) ¿Qué compuestos químicos se producen?

## 5. Utiliza tablas

Crea tablas para que los estudiantes rellenen datos específicos. Las tablas son estructuras perfectas cuando hay que **comparar dos cosas o para enumerar características**. Las respuestas serán habitualmente mucho más fáciles de corregir en una tabla.

### A. Comparaciones:

**✗ MAL**

*Escribe las diferencias entre la célula animal y la vegetal*

**✔ BIEN**

Completa esta tabla **con 4 diferencias** entre la célula animal y vegetal

|   | CÉLULA VEGETAL | CÉLULA ANIMAL |
|---|---|---|
| 1 |   |   |
| 2 |   |   |
| 3 |   |   |
| 4 |   |   |

## B. Enumeración de características:

**✗ MAL**

*Nombra en orden las 5 capas de la atmósfera, la altura que alcanzan y una características de cada una de ellas*

**✔ BIEN**

Escribe en esta tabla los nombres de las capas de la atmósfera en orden (de arriba abajo o viceversa, pero en orden), la altura máxima que alcanzan y una característica importante de cada una:

| NOMBRE | Altura (km) | CARACTERÍSTICA |
|--------|-------------|----------------|
|        |             |                |
|        |             |                |
|        |             |                |
|        |             |                |

## 6. Etiquetado de figuras y mapas

Excepto en el caso que quieras evaluar cómo dibujan los estudiantes o reírte de sus (generalmente) malos dibujos, es preferible que las figuras, diagramas, partes anatómicas, mapas, imágenes o dibujos vengan incorporados al examen y ellos sólo tengan que reconocer las estructuras que les señalamos. Si **combinas estas figuras con una tabla** obtendrás un tipo de preguntas muy rápidas de corregir. Ya habíamos visto un modelo de test en el capítulo 6 que es muy parecido a este tipo de preguntas. De hecho, es una plantilla que uso repetidamente como tarea, test y pregunta de examen.

**✗ MAL**

*Haz un dibujo de una célula y pon los nombres de todas sus partes*

✔ **BIEN**

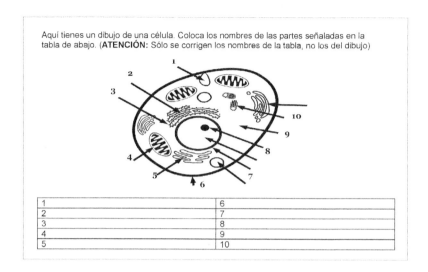

Aquí tienes un dibujo de una célula. Coloca los nombres de las partes señaladas en la tabla de abajo. (**ATENCIÓN:** Sólo se corrigen los nombres de la tabla, no los del dibujo)

| | | | |
|---|---|---|---|
| 1 | | 6 | |
| 2 | | 7 | |
| 3 | | 8 | |
| 4 | | 9 | |
| 5 | | 10 | |

## 7. BONUS: No hagas preguntas de unir con líneas

Los estudiantes responden a estas preguntas con líneas confusas que se entremezclan, que son muy **difíciles de identificar** y que nos hacen perder mucho tiempo al corregirlas. Además, dan lugar a **numerosos malentendidos** en la corrección. En su lugar, crea cualquier otro sistema ordenado de emparejamiento que evite las líneas de conexión.

✔ **MAL**

Une con flechas cada uno de los reinos de los seres vivos con sus características.

MONERA

PROTISTA

HONGOS

PLANTAS

ANIMALES

- Son siempre procariotas
- Son siempre eucariotas
- Son siempre unicelulares
- Son siempre pluricelulares
- Pueden ser unicelulares o pluricelulares
- Son siempre autótrofos
- Son siempre heterótrofos
- Pueden ser autótrofos o heterótrofos

✔ **BIEN**

---

Estos son los cinco reinos de seres vivos que hemos estudiado: MONERA, PROTISTA, HONGOS, PLANTAS y ANIMALES. Para las siguientes características, escribe el nombre del reino o reinos que las tengan.

- Son siempre procariotas:

- Son siempre eucariotas:

- Son siempre unicelulares:

- Son siempre pluricelulares:

- Pueden ser unicelulares o pluricelulares:

- Son siempre autótrofos:

- Son siempre heterótrofos:

- Pueden ser autótrofos o heterótrofos

---

## 8. Sentido común

Es evidente que **no tenemos que transformar TODAS las preguntas de TODOS nuestros exámenes** siguiendo los modelos que he propuesto. En algunas ocasiones, queremos precisamente evaluar la redacción de textos completos y debemos realizar las preguntas orientadas en ese sentido. En otras ocasiones, como en los exámenes de Bachillerato, queremos que los estudiantes practiquen el tipo de preguntas que aparecerán en la **EBAU/EvAU (Selectividad,** prueba de acceso a la Universidad en España), las cuales tienen un formato muy definido. Sin embargo, en muchos otros casos, podemos incorporar este tipo de preguntas rápidas de corregir en nuestros exámenes (o combinarlas con otros formatos más extensivos) y obtendremos un inmenso **beneficio de tiempo ahorrado.**

# REFLEXIONA

- ✔ ¿Qué tipo de preguntas usas actualmente en los exámenes? ¿Te resultan fáciles (rápidas) de corregir?
- ✔ ¿Tienes en cuenta el tiempo de corrección que te llevará cuando eliges esas preguntas para el examen?
- ✔ ¿Crees que los estudiantes se beneficiarán también si modificas las preguntas a estos formatos?
- ✔ ¿Hay algún formato obligatorio de preguntas en tu departamento que debas seguir?
- ✔ ¿Algún compañero del departamento usa un tipo de examen más estructurado y más fácil de corregir?

# PRACTICA

- ✔ Coge el próximo examen que vayas a pasar y modifica algunas o todas las preguntas que puedas para que sean más rápidas de corregir
- ✔ Crea una plantilla de examen con varios modelos de preguntas rápidas de corregir (copia los ejemplos de este capítulo). Úsala siempre cuando crees un nuevo examen
- ✔ Habla con los compañeros del departamento y cread una biblioteca con exámenes siguiendo la directriz de que sean más estructurados
- ✔ Escribe en un Post-it: *"**Crea preguntas más rápidas de corregir**"* y pégalo en tu ordenador o zona de trabajo como recordatorio

# 14. CAMBIA EXÁMENES POR TESTS

Los profesores tenemos integrado en nuestra forma de trabajar que debemos realizar exámenes para evaluar el aprendizaje. Sin embargo, **no es necesario evaluar siempre con exámenes**, podemos **usar otros instrumentos** que elijamos, sobre todo si esto supone ahorrar tiempo con ellos.

---

### RESUMEN DE PRODUCTIVIDAD

✔ **Dificultad de poner en práctica:** Baja

✔ **Tiempo necesario para comenzar a usarla:** Rápido

✔ **Potencial de ahorro:** Medio-Alto

✔ **Velocidad de obtención de resultados:** Rápida

✔ **Ventajas adicionales:** Los estudiantes prefieren tests a exámenes

---

### 1. Cambia un examen por dos tests

En todas las asignaturas tenemos algunos temas que no son muy largos ni tienen gran dificultad. Generalmente nos lleva menos tiempo completarlos y los **contenidos no son siempre suficientes para un examen estándar**. En este caso, te propongo que cambies el examen que habitualmente harías de ese tema por la realización de algunos **tests, que son mucho más rápidos de corregir.**

De hecho, algunas asignaturas (generalmente optativas con poca carga lectiva y pocos estudiantes) se pueden planificar perfectamente para tener **únicamente este tipo de evaluación** y centrar nuestro tiempo y esfuerzo en otras asignaturas con contenidos más relevantes.

Aunque cuando empezamos a usarlos la preparación de tests sea algo compleja porque se sale de nuestra rutina, a medio y largo plazo los **beneficios en el tiempo ahorrado** nos compensarán. También iremos así creando nuestra propia biblioteca de tests con preguntas que podremos utilizar cuando las necesitemos, por lo que el ahorro de tiempo aumentará progresivamente. Incluso podemos preparar una tarea de revisión de tema en la que los estudiantes redacten sus propias preguntas con el formato adecuado y luego podemos simplemente copiarlas y pegarlas en nuestros tests.

Adicionalmente, usar tests tiene **beneficios pedagógicos adicionales**, ya que se realizan con más frecuencia que los exámenes, por lo que tenemos un **mejor seguimiento del aprendizaje de los estudiantes**. También para los estudiantes resulta beneficioso realizar tests en lugar de exámenes, ya que normalmente no conllevan tanta carga de estudio ni tanto **estrés en su realización**. De nuevo, todos salimos ganando.

En cuanto a los modelos de tests, recomiendo que sean muy sencillos (y rápidos) de corregir. Para ello puedes leer el capítulo siguiente para ampliar sobre las características necesarias.

Si eres hábil con aplicaciones digitales, entonces te sugiero que no hagas tests en papel y uses directamente **herramientas de autocorrección como Plickers, Kahoot o Google Forms** (Ver capítulo 20) para realizarlos, puesto que permiten **importar preguntas** ya preparadas, la **evaluación automática** de las respuestas de los estudiantes y también nos proporcionan las **notas en formato digital** listas para copiar y pegar en nuestro cuaderno de notas digital. Los tests autocorregidos presenciales con estas aplicaciones funcionan además muy bien como **motivación para los estudiantes y nos suponen un ahorro brutal de tiempo.**

Igualmente, podríamos **evaluar ciertos temas usando solamente tareas** y eliminando completamente también los tests. De la misma forma, diseñaríamos las tareas para que se pudieran corregir de forma sencilla y rápida.

Finalmente, podemos usar combinaciones de ambos, tests y tareas, para sustituir a los exámenes, siempre que la suma de tiempos nos resulte beneficiosa, por supuesto.

## 2. Tiempo ahorrado con el uso de tests y tareas

Si tenemos una buena plantilla para tests o tareas en papel, podemos crearlos con nuevas preguntas en muy poco tiempo, generalmente mucho **menos tiempo que el necesario para preparar un examen**. Te recomiendo que a principio de curso crees **2-3 plantillas básicas** que puedas usar en diferentes asignaturas simplemente modificando las preguntas.

También podemos buscar en internet y encontrar tests listos para usar o con preguntas que podamos copiar y pegar. Si usamos aplicaciones digitales, podemos usar recursos que otros profesores comparten (y también compartir los nuestros).

Por supuesto, **el tiempo de corrección resultante es menor**, tanto si hacemos tests en papel y los corregimos nosotros mismos como si usamos herramientas digitales que los autocorrigen. Incluso si cada tema hacemos un par de estos tests y un par de tareas sencillas, en lugar de un examen, el balance de tiempo estará a nuestro favor.

## 3. Más opciones de evaluación que ahorran tiempo

Existen otras formas complementarias de evaluación que suelen llevar menos tiempo de corrección que los exámenes y pueden sustituirlos en algunos temas concretos, como por ejemplo:

- Trabajos en grupo
- Videos breves creados y editados por los estudiantes
- Creación de webs o blogs
- Presentaciones ante la clase
- Trabajos breves de investigación bibliográfica
- Proyectos de investigación o experimentos científicos

## REFLEXIONA

- ✔ ¿Haces examen tradicional en TODOS los temas?
- ✔ ¿Hay algunos temas que podrías evaluar sin exámenes?
- ✔ ¿Podrías usar tests o tareas (o ambos) para alguno de los temas que enseñas?
- ✔ ¿Cuánto tiempo crees que podrías ahorrar haciendo estos cambios?
- ✔ ¿Has pensado alguna vez en eliminar completamente los exámenes como forma de evaluación?

## PRACTICA

- ✔ Planifica uno de los temas que enseñas para no hacer examen y evaluarlo con tareas o tests (o con otro instrumento que te guste, pero que lleve menos tiempo). Compártelo con los compañeros de departamento
- ✔ Pide a compañeros de departamento o de asignatura que te pasen tests o tareas sencillas de corregir que puedan sustituir el examen de algún tema

# 15. UN SISTEMA DE CALIFICACIÓN SENCILLO

Además de la importancia de la estructura, que hemos desarrollado en el capítulo 13, el segundo aspecto importante para hacer más rápida la evaluación es que los exámenes (también tests y tareas) **deben ser fáciles de calificar.** En mi trabajo diario veo muchos ejemplos de exámenes de otros profesores que **no tienen un sistema ordenado y sencillo de calificación,** dificultando la tarea y haciendo que cueste **más tiempo de lo que sería razonable.**

No estoy hablando de la puntuación total del examen (**Siempre en la escala 0-10,** mira el capítulo 17), me refiero a que la estructura o distribución de los puntos del examen evite valores decimales y variaciones irregulares que supongan una pérdida de tiempo a la hora de puntuar las preguntas y sumar los puntos finales.

---

### RESUMEN DE PRODUCTIVIDAD

✔ **Dificultad de poner en práctica:** Fácil

✔ **Tiempo necesario para comenzar a usarla:** Rápido. Basta con reorganizar la puntuación en exámenes y tareas

✔ **Potencial de ahorro:** Medio pero sostenido en el tiempo

✔ **Velocidad de obtención de resultados:** Rápida

✔ **Ventajas adicionales:** Corregir y calificar más rápido nos aporta paz mental. Un sistema de calificación sencillo beneficia también a los estudiantes

## 1. Sencillo de calificar

Si la estructura de calificación de puntos en el examen **es compleja y variada, dedicaremos más tiempo** para decidir las calificaciones de las preguntas individuales y más tiempo a sumar los puntos porque nos aparecerán cifras decimales. Nos supone más complicación mental tener que ir calificando diferentes preguntas con diferentes puntos y nos complicará la suma final de los puntos. Por ejemplo, imagina una pregunta que suma 1,75 puntos que tiene 4 apartados equivalentes.

Si tenemos una estructura de puntos simple, será **más fácil calificar cada pregunta individual** y **sumar los puntos finales**. Piensa, por ejemplo, en la misma pregunta con 4 apartados pero ahora suma 2 puntos totales. En realidad, se trata de que al corregir y calificar las preguntas **no tengamos que pensar demasiado** cada vez, sino que resulte muy sencilla e intuitiva la asignación de puntos tras revisarlas.

✔ **BIEN**

**¿Qué es sencillo de calificar? Ejemplos**

- Un examen de 5 preguntas y cada una suma 2 puntos
- Un examen con 10 preguntas y cada una suma 1 punto
- Un examen con 8 preguntas, 6 suman 1 punto y 2 suman 2 puntos
- Preguntas que suman 2 puntos y tienen 2 apartados equivalentes (En general: preguntas que suman $n$ puntos y tienen $n$ apartados equivalentes)
- Preguntas que suman 2 o 4 puntos, donde nos resulta más fácil repartir estos puntos entre los apartados que contienen
- Un examen con 3 preguntas de 2 puntos y 4 de 1 punto
- Etc.

En resumen: **regularidad y puntos equivalentes y enteros (sin decimales) de preguntas y apartados**, siendo las dos primeras opciones de la lista anterior las más recomendables. Hemos de buscar que haya muchas (o todas) preguntas que sumen los mismos puntos y que los puntos se dividan fácilmente entre los apartados que contienen.

### ✗ MAL

### ¿Qué es difícil de calificar? Ejemplos

(¡Atención, porque algunos de estos son ejemplos reales de exámenes que he visto!)

- Un examen con 11 preguntas con puntos variables que suman sobre un total de 25 puntos
- Un examen con: 3 preguntas que suman 1,5 puntos cada una, otra pregunta de 2,5 puntos, otra que suma 1 punto y un última de 2 puntos
- Una pregunta que suma 3 puntos con 7 apartados
- Número variable de preguntas donde cada una suma un valor diferente de puntos
- Apartados de una pregunta que no coinciden con el número de puntos de esta
- Apartados de una pregunta con valores diferentes cada uno
- Preguntas o apartados que valen puntos con dos decimales (1,75 puntos, por ejemplo)

En resumen: **irregularidad y puntos arbitrarios o con valores decimales de preguntas y apartados.** Cuanta más variedad de preguntas, puntos, apartados, peor (Más difícil y más tiempo de corrección).

### Ejemplos de estructuras generales de calificaciones en exámenes

Aparte de los dos primeros modelos de la lista anterior (5 preguntas de 2 puntos y 10 preguntas de 1 punto), que son los más recomendables por su sencillez, veamos un par de modelos de calificación para que comparemos un esquema que será más difícil de calificar y sumar y otro que resultará mucho más sencillo y rápido.

### ✗ MAL: Examen 1

Pregunta 1: 1,5 puntos, de los cuales

Apartado a: 0,75 puntos

Apartado b: 0,75 puntos

Pregunta 2: 2 puntos

Pregunta 3: 0,5 puntos

Pregunta 4: 1 punto

Pregunta 5: 2,5 puntos, de los cuales

Apartado a: 1,5 punto

Apartado b: 0,5 puntos

Apartado c: 0,5 puntos

Pregunta 6: 1,5 puntos

### ✔ BIEN: Examen 2

Pregunta 1: 2 puntos, de los cuales

Apartado a: 1 punto

Apartado b: 1 punto

Pregunta 2: 2 puntos

Pregunta 3: 4 puntos, de los cuales

Apartado a: 1 punto

Apartado b: 1 punto

Apartado c: 1 punto

Apartado d: 1 punto

Pregunta 4: 2 puntos

Es difícil explicar con detalle todas y cada una de las situaciones y casos que pueden ocurrir, pero espero que se entienda que, si hay cierta regularidad en las preguntas y no asignamos puntos decimales a ninguna de ellas ni a sus apartados, el examen será más sencillo de calificar y de sumar sus puntos.

**Siempre podemos revisar cualquier examen** para reorganizar los puntos en una estructura que resulte más sencilla (=más rápida) de corregir y lo agradeceremos por el tiempo ahorrado. A veces es tan sencillo como dejar las preguntas que hemos redactado y reasignar los puntos para que haya regularidad. Reflexiona: ¿es realmente necesario que esa pregunta sume 1,75 puntos?; ¿no sería más fácil si sumara 2 puntos?; ¿a quién le importa esa minúscula diferencia?

### 2. Cada pregunta calificada con sus puntos numéricos

Cuando calificamos las preguntas de exámenes (o de tests o tareas) hemos de **marcar claramente los puntos numéricos que se han obtenido en ellas**.

Nada de correcciones cualitativas (*"Bien, Regular, Mal"*), ni códigos personales, sino puntos numéricos **claramente marcados en el margen de la pregunta**. Esto nos ayudará a sumar fácilmente el total del examen y también (junto con las correcciones que hayamos puesto por escrito) ayudará a los estudiantes a valorar sus errores y aciertos y a entender el porqué de su calificación.

### 3. Aprende y practica cálculo mental

Ya hemos diseñado nuestros exámenes, los hemos pasado a los estudiantes y los hemos corregido y calificado siguiendo las indicaciones que he explicado. Ahora hay que sumar los puntos.

Parece una tarea minúscula, pero sumar los puntos de todas las preguntas de todos los exámenes de un grupo nos llevará un buen rato y, como sabes, **cada minuto cuenta**. Por tanto, podemos aplicar algún pequeño truco que nos haga arañar tiempo en esta tarea.

- Para empezar, como he señalado anteriormente, hemos de **escribir claramente los puntos de cada pregunta** en una zona visible del examen para que podamos identificarlos rápida y claramente. Yo uso un **bolígrafo de color rojo o verde** para corregir (los estudiantes pueden escribir sus respuestas con lápiz o bolígrafos azul o negro) y **rodeo los puntos con un círculo** para que destaquen con claridad sobre el texto escrito. En algunas ocasiones, añado un cuadrado específico en el enunciado de la pregunta para colocar allí los puntos.

- En segundo lugar, **es más lento usar la calculadora que hacer la suma mentalmente**, incluso si no se nos dan bien las matemáticas. Si no lo haces de forma habitual, es una habilidad que te resultará **muy útil en la vida diaria**, ya que nos encontramos a diario situaciones donde tenemos que sumar los precios de varias productos y esto es algo casi idéntico. En internet puedes encontrar muchos **métodos para acelerar el cálculo mental**, ejercicios para practicar y aplicaciones para móvil para entrenarte, si quieres hacerlo (aunque no considero que sea estrictamente necesario) ((@ → *"Cómo mejorar el cálculo mental"*).

### Pequeños trucos de cálculo mental

Sólo voy a comentar algunos trucos muy simples que funcionan sin mucha complicación:

- Elimina mentalmente los decimales y suma como si fueran números enteros. Mira este ejemplo con los puntos de las 5 preguntas de un examen (¡Fíjate además en que no hay más que una cifra decimal! Capítulo 18):

  $$1,3 + 0,8 + 1,3 + 1,2 + 0,4$$

- La coma decimal añade ruido y nos confunde. Mira la misma suma sin comas decimales:

  $$13 + 8 + 13 + 12 + 4$$

  ¿Verdad que así parece mucho menos complicada?

- Si hay valores repetidos, multiplica:

    13 x 2 = 26

- Localiza parejas o tríos de puntos que se suman fácilmente:

    12 + 8 = 20

    13 + 13 + 4 = 30

Usando los últimos valores:

**Total = 20 + 30 = 50**

Y quitamos el cero para volver a la cifra original.

**Nota total = 5**

## 4. Pide ayuda a Alexa, Siri o a OKGoogle

Te estás riendo porque has visto los videos de un niño usando Alexa para hacer los deberes de matemáticas. La pregunta es, ¿por qué no hacerlo nosotros?

Como hemos visto, sumar los puntos del examen o tarea puede llevar un tiempo, tanto si lo hacemos mentalmente como con la calculadora. Sin embargo, podemos simplemente leerlos en voz alta tras el comando adecuado: *"Alexa, suma 1,3 más 0,8 más 1,3 más 1,2 más 0,4"* y nos dará la respuesta casi automáticamente.

Por supuesto, no es necesario que te compres el dispositivo para sumar puntos de exámenes, pero si ya lo tienes por otras razones, puedes **probarlo y ver cómo te funciona**. También puedes usar las aplicaciones equivalentes en tu móvil.

## REFLEXIONA

✔ ¿Planificas tus exámenes, tareas y tests para que sean fáciles de calificar?

✔ ¿Mantienes una estructura sencilla de puntuación en los exámenes?

✔ ¿Cuántas preguntas tienen tus exámenes? ¿Cuántos puntos suma cada pregunta? ¿Tienen puntos decimales?

✔ ¿Pones apartados dentro de las preguntas? ¿Cuántos puntos suman los apartados? ¿Tienen puntos decimales?

✔ ¿Cómo sumas los puntos de un examen?

✔ ¿Usas habitualmente algún asistente de voz? ¿Para qué lo usas? ¿Podrías usarlo para sumar los puntos de exámenes?

## PRACTICA

---

✔ Coge un futuro examen y reorganiza los puntos de las preguntas y apartados para que sea más fácil de calificar y sumar

✔ Escribe en un Post-it: "**Revisa los puntos de los exámenes, test y tareas**" y pégalo en tu ordenador o zona de trabajo como recordatorio cada vez que tengas que preparar algo

✔ Busca información sobre los asistentes de voz y cómo te pueden ayudar en tu trabajo y en tu vida diaria

# 16 . NO CORRIJAS NI CALIFIQUES TODO

Las funciones de corrección son algunas de las que más tiempo se llevan en nuestra rutina semanal y también las que **requieren mayor concentración y atención.** En este capítulo os voy a sugerir algunos trucos para recortar minutos en estas tareas, lo que repercutirá en el tiempo global ahorrado.

---

**RESUMEN DE PRODUCTIVIDAD**

✔ **Dificultad de poner en práctica:** Fácil

✔ **Tiempo necesario para comenzar a usarla:** Rápido

✔ **Potencial de ahorro:** Muy alto

✔ **Velocidad de obtención de resultados:** Muy rápida

✔ **Ventajas adicionales:** Corregir menos materiales nos aporta paz mental

---

\* **ATENCIÓN:** En este capítulo usaré el término genérico "tareas" para cualquier actividad que los estudiantes realizan, que va a ser corregida y calificada y que no es un test o un examen. Incluyo también proyectos, presentaciones, videos, tareas digitales, etc.

No son necesariamente actividades que los estudiantes deben realizar en sus casas. Personalmente, intento que estas actividades **se inicien y terminen en el tiempo de clase,** de forma que puedan hacer preguntas, puedan ayudarse entre ellos, yo pueda supervisar su trabajo y orientarlo rápidamente, o revisarlo sobre la marcha y tomar notas de su evolución, etc. Normalmente les concedo un tiempo razonable para completarlas. En el caso de que no terminen estas actividades en el período de clase, entonces sí quedan como "*deberes*" tradicionales para sus casas.

### 1. No escribas todas la correcciones

Para empezar, no es necesario que pongamos por escrito **TODAS las correcciones** que necesita una tarea o examen.

Cada profesor tiene su estilo de corrección, pero hemos de entender que escribir las correcciones consume un tiempo valioso, así que debemos ser conscientes de que **no podemos estar corrigiendo todo** lo que en realidad necesitaría ser corregido, basta con que escribamos las correcciones más importantes o que estén relacionadas con lo que estamos trabajando en ese momento.

Seamos prácticos: tenemos que corregir las tareas de una clase de 25 estudiantes y cada tarea nos lleva 3 minutos. Si podemos ahorrar 1 minuto en cada tarea porque **no escribimos todas las correcciones,** nos ahorraremos unos 25 minutos totales cuando corrijamos esa tarea. Cada minuto cuenta.

### Código de corrección

Si eres de los que **necesita ser minucioso con las correcciones y no puedes evitarlo,** te recomiendo una técnica que se usa mucho en las escuelas estadounidenses, que consiste en **codificar y recoger en una tabla las correcciones que más frecuentemente señalamos** (@ → "*Correction code*"). Una vez creada, debemos fotocopiar y entregar esta tabla a los estudiantes a principios de curso. Cuando tengamos que escribir la corrección, nos limitaremos a anotar el código que tiene asignado.

Este podría ser un ejemplo de tabla con errores frecuentes:

- ~~Frase tachada~~ → Lo escrito es totalmente incorrecto
- <u>Subrayado sencillo</u> → No es completamente correcto
- Tres puntos (…) → Incompleto

- Doble subrayado → Falta ortográfica

- Fragmento rodeado → Concepto repetido

- También se pueden establecer **códigos numéricos** para los errores más frecuentes

Aunque esta herramienta puede requerir **cierto tiempo de adaptación** para nosotros y para nuestros estudiantes, si nos acostumbramos a usarla puede resultar muy útil. De este modo, seguiremos corrigiendo la mayor parte de los fallos que queremos pero **dedicaremos mucho menos tiempo a ponerlos por escrito.**

### 2. No corrijas todas las tareas

Este consejo es obvio y casi todos los docentes lo practicamos en alguna ocasión. Asignamos muchas tareas de todo tipo en nuestras clases y no siempre tenemos tiempo de corregirlas todas.

Por tanto, podemos asignar ciertas tareas sencillas a los estudiantes y únicamente anotaremos si las entregan o no, **sin corregirlas a fondo.** Pueden servir como introducción, entrenamiento, práctica o repaso. Sólo pretendemos registrar si la han realizado (**entregado o no entregado**), pero en estos casos no es tan importante si han hecho un trabajo perfecto, bueno, regular o mediocre.

Yo lo aplico a los ejercicios diarios de matemáticas, cuando reviso las libretas en clase, donde me interesa ver que los estudiantes están haciendo un trabajo diario pero **no puedo perder el tiempo en revisar todos y cada uno de los ejercicios de todos y cada uno de los estudiantes,** ya que los exponemos posteriormente en la pizarra para que puedan ser corregidos por ellos mismos.

### 3. No corrijas todos los apartados de las tareas

En ocasiones asignamos tareas con diferentes apartados entre los que hay algunos que son más relevantes que otros. Simplemente **podemos concentrarnos en la corrección y calificación de estos**

**apartados más importantes** y no perder el tiempo en los otros que hemos puesto de práctica o de repaso.

• **Un ejemplo.** En matemáticas, en el tema de álgebra tengo un par de fichas en las que hay tres grupos de ejercicios: lenguaje algebraico, ecuaciones y problemas aplicados. En la práctica, si un estudiante sabe resolver correctamente un problema aplicado del tercer grupo (Por ejemplo: *"Pepito tiene 5 camisetas más que pantalones y en total tiene 19 prendas de ropa ¿Cuántas camisetas y cuántos pantalones tiene?"*) me está demostrando que también sabe transformar frases a lenguaje algebraico y que sabe plantear y resolver ecuaciones, pues son necesarios para resolver el problema. Por tanto, sólo corregiré los problemas y el resto de la tarea la revisaré (completada / no completada) sin puntuar. Supongamos que la tarea tiene 10 ejercicios en total y tan sólo 3 de ellas son problemas aplicados: **el tiempo ahorrado resulta sustancial.**

• **Otro ejemplo.** Una ficha de lectura sobre la fotosíntesis, con preguntas iniciales de simple comprensión lectora del texto (*"¿Dónde se realiza la fotosíntesis? ¿Qué se necesita? ¿Qué se produce?..."*) y un apartado final donde deben escribir en orden los diferentes fases de la fotosíntesis. Podemos centrar la atención en revisar y calificar este último apartado donde demuestran que han comprendido el proceso de fotosíntesis ordenando las fases adecuadamente sin hacer mucho caso a las preguntas anteriores "de calentamiento".

**\* ATENCIÓN:** Si vamos a usar esta técnica, **debemos comunicarlo a los estudiantes** para evitar malentendidos con ellos y con sus familias. Al principio les cuesta entender que vayan a realizar una tarea y no le pongamos nota por todo, pero se les explica bien y lo entienden y lo asimilan sin problemas.

Por cierto, **Pepito tiene 7 pantalones y 12 camisetas…**

### 4. No corrijas todo… tú

En algunas ocasiones, podemos dejar que **los estudiantes corrijan sus propias tareas y tests o que lo hagan sus**

**compañeros**. Esta **autoevaluación o evaluación por compañeros** no puede aplicarse en los exámenes, sino en el tipo de tareas y tests que sean adecuados.

He de reconocer que yo no soy muy partidario de este método, aunque soy consciente de las ventajas a nivel de tiempo ahorrado. Como **inconvenientes** principales:

- Requiere planificar bien el tipo de tarea o test que se va a ejecutar
- Suele consumir mucho **tiempo de clase lectiva**
- Hay muchos contratiempos relacionados con la capacidad de los estudiantes para corregir sus propias pruebas o las de compañeros
- Debemos dedicar siempre un tiempo adicional a **revisar las correcciones y calificaciones**

Como **ventajas,** además del evidente ahorro de tiempo:

- Generamos una cultura de autoevaluación en los estudiantes que les ayuda a mejorar
- Los estudiantes se acostumbrar a prestar más atención a sus propios errores ya que identifican y corrigen los de los compañeros

Otra opción es que **deleguemos la corrección de algunas tareas sencillas o tests a otras personas,** por ejemplo, a estudiantes de prácticas o a nuestros hijos adolescentes. Si están **bien diseñados** con respuestas cerradas, basta con tener una **plantilla correcta para corregirlos** y para ello no es necesario ser profesor. Si tenemos **estudiantes en prácticas**, podemos delegar este tipo de tareas en ellos de modo que ahorramos tiempo a la vez que les sirve como formación. Mi hija se ha ganado la paga semanal en algunas ocasiones ayudándome a corregir tests...

### 5. No corrijas las tareas de todos los estudiantes

¿Y si sólo **corrigiéramos completamente las tareas de la mitad de los estudiantes de una clase** y para el resto sólo consignamos si lo han entregado o no? De golpe reducimos el tiempo total de corrección de tareas ¡a la mitad!

Por supuesto, hemos de **avisar a los estudiantes** de que lo vamos a poner en práctica y es conveniente que lo hagamos con **tareas de poca importancia** (si consideramos que son importantes, es conveniente que revisemos y corrijamos las de todos los estudiantes)

Es muy recomendable para aquellos profesores que **asignan muchas tareas a diario y les gusta tener un seguimiento continuado de los estudiantes**. Si intentan corregir todo lo que planifican, les falta tiempo para respirar.

Cuando ya nos hayan entregado las tareas, podemos elegir aleatoriamente qué mitad del grupo vamos a corregir. La forma más rápida y sencilla es lanzar una moneda al aire. Hay **dos formas básicas** de ponerlo en práctica, dependiendo de nuestros gustos y preferencias:

- Si sale cara, corregimos las tareas de los estudiantes pares y, si sale cruz, los estudiantes impares.
- También podemos elegir la primera mitad de la lista de clase o la segunda mitad.

### 6. Usa tiempo lectivo para corregir tareas

Otro consejo que podemos poner en práctica es **dedicar parte del tiempo de nuestra clase lectiva a corregir tareas de los estudiantes**. En algunos grupos y asignaturas podemos crear una rutina diaria o semanal en las que asignamos alguna tarea (por ejemplo, ejercicios del libro, ficha de lectura, ejercicios de matemáticas, etc.) que les sirve para practicar y reforzar contenidos pero, esto es importante, que **no requiera mucha atención de nuestra parte**. Mientras los estudiantes realizan dicha tarea de forma autónoma, nosotros nos dedicamos a corregir tareas de ese grupo o de otro o acercarnos a sus mesas revisando (y calificando) las tareas de sus cuadernos. Es una rutina que **nos permite usar una parte del tiempo lectivo a tareas de corrección** por lo que no tendremos que realizarlas en nuestras casas.

Adicionalmente, si revisamos tareas durante la sesión de clase, además de apuntar una calificación, podemos hablar con el estudiante y darle una **retroalimentación directa y rápida** de lo que está haciendo bien o mal.

En la parte negativa, sólo podremos dedicar este tiempo si el grupo con el que estamos **tiene un comportamiento aceptable y son autónomos.** Todos sabemos que hay grupos donde hay que controlar constantemente el comportamiento y no podemos descuidarnos ni 5 minutos o alguno de los estudiantes disruptivos se descontrola. Tampoco funciona cuando tenemos estudiantes que no son autónomos y requieren constante atención, supervisión o ayuda y no nos dejan concentrarnos en nuestras propias tareas de corrección. Sin embargo, cuando encontramos **el grupo y las circunstancias correctas**, podemos sacar 15 minutos en la sesión durante los que corregir y con eso nos puede bastar en muchos casos.

Como consejo adicional, no recomiendo **nunca corregir exámenes en clase** con estudiantes, porque la corrección de exámenes **requiere un plus de atención y concentración** que no siempre podemos conseguir en estas situaciones y podríamos cometer errores.

### 7. Extrae toda la información de lo que corrijas

En algunas ocasiones podemos extraer más información útil que una única simple nota numérica de lo que hemos corregido. De esta forma, al realizar **una única acción de corrección extraemos más información** o más calificaciones que luego nos servirán para calcular medias o mejorar como profesor. Mismo tiempo dedicado, pero más información.

- Os pongo un ejemplo sencillo de matemáticas. Asigno una tarea con operaciones matemáticas sencillas (sumas, restas, multiplicaciones y divisiones) junto con unos problemas que se resuelven usando operaciones semejantes. Un estudiante resuelve bien la primera parte de operaciones pero falla cuando debe resolver problemas. Deberíamos anotar esta información y así poder usarla con el estudiante para mejorar su aprendizaje.

- Otro ejemplo. En los **sistemas bilingües,** algunos contenidos de ciencias se trabajan en español y otros en inglés (u otro idioma). Si ponemos algunas de las preguntas de un examen o de una actividad en diferentes idiomas y un estudiante contesta bien las de español pero falla en las de inglés, podemos concluir que tiene un problema con el idioma y no con las ciencias.

Esta estrategia de anotar información extra se puede aplicar también a la **evaluación de competencias o estándares,** si los estamos utilizando.

Este tipo de anotaciones con información adicional **se pueden incorporar sin problemas en las hojas de cálculo** que usamos como cuaderno de notas.

Tampoco recomiendo excederse con la información complementaria. Sólo cuando sea relevante para ciertos estudiantes, o **perderemos más tiempo escribiéndola que información ganamos.**

## REFLEXIONA

---

- ✔ ¿Dedicas mucho tiempo a corregir tareas y tests?
- ✔ ¿Eres minucioso al escribir las correcciones en exámenes y tareas?
- ✔ ¿Corriges TODAS las tareas de TODOS los estudiantes?
- ✔ ¿Dejas que los estudiantes se autocorrijan sus tests o los de los compañeros?

✔ ¿Puedes dedicar tiempo de las sesiones de clase a corregir tareas, libretas o tests?

## PRACTICA

✔ Elige una tarea que estés preparando y corrige sólo la mitad de la clase. Avísalo previamente a los estudiantes

✔ Planifica una tarea sencilla que no vayas a corregir, sólo comprobar si está hecha o no

✔ Prepara una tarea para corregir sólo algunos apartados, no todos ellos

✔ Prepara algún test para que puedan corregirlo los estudiantes

✔ Si tienes un estudiante en prácticas, pídele que prepare una tarea o test que luego tendrá que corregir

# 17. USA SIEMPRE LA ESCALA 0-10

Seguro que has escuchado o leído en internet la historia de por qué los millonarios como Mark Zuckenberg usan siempre la misma ropa. (@ → *"Por que los millonarios usan siempre la misma ropa"*). Dejando de lado la parte estética y económica, hay una razón de peso fundamental que tiene que ver con la productividad: **elimina el estrés** por la toma de decisiones y **permite ahorrar tiempo.**

Por supuesto, no estoy sugiriendo que cambies de vestuario. Sin embargo, si aún no lo haces, te propongo que apliques este mismo razonamiento para usar una única escala de calificaciones y que esta escala sea siempre de 0-10.

**\* ATENCIÓN:** Este capítulo está fundamentalmente dirigido a los profesores de España donde se usa la escala 0-10 en las calificaciones trimestrales y finales. Si en tu país no se usa este sistema 0-10 sino otro, lo que recomiendo es que adaptes TODAS tus calificaciones al sistema estándar que debas utilizar en trimestrales y finales o a otro sistema numérico sencillo (0-100, por ejemplo), sea cual sea. La esencia de lo que aquí propongo es: **elige una única forma de calificar y úsala siempre en todo lo que califiques.** Para mentes curiosas, recomiendo el artículo sobre calificaciones escolares en la wikipedia ((@ → *"Wikipedia calificación escolar"*)

**1. Ventajas de la escala 0-10**

Hemos repetido a lo largo del libro que **una forma sencilla de ahorrar tiempo es reducir.** Pero no sólo se trata de reducir el número de actividades o el número de preguntas en los exámenes, sino también **reducir (simplificar) las formas que tenemos de calificar las tareas.** Lo más sencillo es **usar siempre la escala de 0-10 en TODO lo que evaluamos.**

¿De qué otras formas de calificación estoy hablando? Pues hay varias. Muchos profesores usan:

- **Positivos y negativos**

- Escala cualitativa: **Bien-Regular-Mal** (con adicionales Muy Mal y Excelente para ampliar la escala a 5 grados)

- **Entregado-No entregado**

- Exámenes, tests y tareas que no se puntúan sobre 10, sino sobre 5, 8, 12, 50 o 75 puntos

- Algunos profesores de inglés usan el **sistema americano: A-B-C-D-F**

- Sistemas cualitativos mediante **rúbricas**

- Los más tecnológicos usan un **sistema de pegatinas digitales** variadas

He visto de todo. En mi opinión, **la escala 0-10 es la más comprensible para profesores, estudiantes y familias** y se **transforma directamente en una nota numérica** que colocar en el boletín trimestral y final. Todo son ventajas. Cualquier otra forma requerirá una transformación de un tipo u otro antes de calcular las medias.

Si nos acostumbramos a usar siempre la misma escala nos ahorraremos mucho tiempo a la hora de codificar las notas en nuestro cuaderno, calcular las medias y tomar decisiones.

Veamos un ejemplo exagerado:

### ✗ MAL

Supongamos que a finales de trimestre las notas de un estudiante son:

- 6,6 puntos y 5,4 en dos exámenes puntuados ¡sobre 8!
- Tres tareas entregadas, dos con Bien y una con Regular (Escala: Muy Mal-Mal-Regular-Bien-Muy Bien)
- Libreta Muy Bien (Misma escala que las tareas)
- Dos tests puntuados sobre 20: 13 puntos y 9 puntos
- Dos positivos y dos negativos en participación de clase

¿Cómo transformamos esta mezcla tan variada en una única nota media trimestral?

### ✔ BIEN

Ahora el mismo estudiante con estas notas, TODAS calificadas en la escala 0-10

- Exámenes: 8,3 y 6,8
- Tres tareas: 8-8-5
- Libreta: 10
- Tests: 6,5-4,5
- Participación en clase: 10-10-0-0

¿No resulta esto mucho más sencillo de entender? Y ahora cogemos todas estas notas, las metemos directamente en una hoja de cálculo sin ningún tipo de transformación, aplicamos la ponderación adecuada a cada apartado y **nos sale fácilmente una media numérica** que podemos usar como nota media trimestral. Hemos ahorrado tiempo.

## 2. Sistemas personales

Si llevas algún tiempo dando clase y tienes tu propio sistema de calificaciones **muy personalizado y perfeccionado**, la transición a usar sólo la escala 0-10 **puede resultar compleja al principio** pero a medio y largo plazo tendrá un resultado significativo en tu toma de decisiones y en la reducción del tiempo de trabajo. Reducir las calificaciones a una escala única ayuda a ahorrar minutos y cada minuto cuenta.

### REFLEXIONA

---

✔ ¿Tienes una escala única para evaluar o usas diferentes escalas para las tareas, exámenes, tests, etc.?

✔ ¿Podrías adaptar fácilmente las notas de tus actividades (tareas, tests, exámenes) a la escala 0-10?

### PRACTICA

---

✔ Introduce ya la escala 0-10 en todo lo que califiques y no apliques ninguna otra

# 18. ELIMINA CIFRAS DECIMALES

En pleno siglo XXI sigo viendo exámenes de algunos compañeros profesores que tienen notas ¡con 3 cifras decimales! (hasta las milésimas). Es una pérdida de tiempo. Es como si nos preguntan la distancia de Málaga a Madrid y damos la respuesta en metros. Sería **correcto, pero poco práctico.** No necesitamos tanta precisión.

Lo mismo ocurre con las notas. Desde el punto de vista práctico, las calificaciones finales que ponemos a los estudiantes **se reducen a un número entero, sin decimales** (De nuevo hablo del sistema educativo en España), por lo que cualquier nota que tenga más de una cifra decimal (décimas) no aporta nada de precisión a esta nota final y **nos hace perder tiempo a la hora de usarlas en las calificaciones y también en el momento de transcribirlas.**

## RESUMEN DE PRODUCTIVIDAD

✔ **Dificultad de poner en práctica:** Muy fácil

✔ **Tiempo necesario para comenzar a usarla:** Muy rápido

✔ **Potencial de ahorro:** Bajo pero sostenido en el tiempo

✔ **Velocidad de obtención de resultados:** Rápida

✔ **Ventajas adicionales:** Nos simplificará la tarea de calificar

## 1. Empecemos con un ejemplo

Os pongo un ejemplo sencillo para **calcular la nota media de los exámenes de un estudiante.**

Supongamos que estas son las notas reales de un profesor que sí usa centésimas en los puntos de apartados y preguntas de los exámenes realizado por un estudiante en el trimestre:

- Examen 1: 7,35
- Examen 2: 3,74
- Examen 3: 5,16

Para calcular la media de las tres notas sumamos, 7,35 + 3,74 + 5,16 = 16,35, y dividimos entre 3 y el resultado es **5,42.**

Ahora, suponiendo que hemos calificado previamente los exámenes sin usar centésimas en absoluto, usaremos las mismas notas redondeadas previamente:

- Exámenes: 7,4
- Tests: 3,7
- Tareas: 5,2

La suma es 16,3 y la media **5,43.**

Sólo hay una minúscula diferencia de una centésima (piensa en una diferencia de precio de un céntimo de euro), inapreciable cuando más adelante usemos esta nota para de nuevo hacer media ponderada con otras medias (tareas, tests, proyectos, etc.) y calcular la nota trimestral.

En resumen, para calcular de forma adecuada las medias nos sobran todas las cifras decimales excepto las décimas o, en otras palabras, **sólo necesitamos una cifra decimal**, por lo que debemos planificar y calificar nuestras tareas, test, exámenes, proyectos, etc., de forma que no usemos cifras decimales más allá de las décimas (**o, si podemos evitarlas, ninguna cifra decimal,** como veremos más adelante en este capítulo)

* **ATENCIÓN:** Para algún entendido en matemáticas, incluyéndome a mí mismo, es fácil encontrar un ejemplo numérico concreto donde las medias calculadas usando décimas o centésimas sí puedan afectar a la media final. Pero recordad que no estoy haciendo un juego de números, simplemente propongo no usar más allá de las décimas en primera instancia al calificar.

### 2. Ahorramos tiempo en la suma y transcripción

En un examen hay que sumar los puntos de las preguntas y apartados y estas sumas serán claramente tanto **más sencillas (rápidas) cuantas menos cifras decimales tengamos.**

Adicionalmente, las notas que ponemos en exámenes, tests y tareas debemos transcribirlas luego a una hoja de cálculo o cuaderno digital para mantener el registro y calcular las medias. Por tanto, **cuantas menos cifras (y comas decimales) tengamos que transcribir a nuestra hoja de cálculo, menos tiempo tardaremos en completarlo.**

Debemos planificar y calificar nuestros exámenes y otras actividades de forma que no usemos las centésimas (ni las milésimas, si aún las usamos...) porque **no nos aportan información adicional a los cálculos de notas** y **nos lleva más tiempo operar con ellas** y transcribirlas a los cuadernos de notas.

Piensa en esto: cada cifra decimal y cada coma decimal que no usamos, reducimos el tiempo que tendremos que dedicar a pasarlas al cuaderno. Cada minuto cuenta

### 3. Redondeo

Alguno de vosotros está pensando:

*"Vale, vale, la teoría la he entendido, pero yo es que tengo una pregunta en el examen que vale un punto y tiene 4 apartados equivalentes por lo que cada apartado suma 0,25 puntos (o 3 apartados que suman 0,33 cada uno...) y quiero que sea así y no voy a cambiarlo porque es importante en el contexto del examen y de la asignatura y bla, bla, bla."*

Pues lo entiendo, yo también lo hago en algunas ocasiones. Entonces, en lugar de mantener las centésimas, **lo más sencillo es redondear** al alza a las décimas cuando puntuemos esa pregunta y nos quedamos sólo con una cifra decimal. En el caso de 4 apartados:

- 1 apartado correcto: 0,3 puntos (redondeo de 0,25)
- 2 apartados correctos: 0,5
- 3 apartados correctos: 0,8 (redondeo de 0,75)
- 4 apartados correctos: 1 punto

**Ningún estudiante va a protestar** porque le valores unas centésimas adicionales y también te vas a ahorrar algún tiempo a la hora de sumar los puntos, como ya hemos visto en el capítulo 15.

### 4. Elimina completamente los decimales en tests y tareas

He hablado principalmente de exámenes, que generalmente se consideran como **documentos importantes y oficiales** a la hora de registrar la evolución académica de los estudiantes, por lo que debemos ser muy cuidadosos con lo que preguntamos y cómo los corregimos, incluyendo el uso de decimales. Pero la directriz de **usar pocos decimales** que he comentado podemos llevarla al extremo en algunas ocasiones y olvidarnos totalmente de ellos, sobre todo en los **tests y tareas**. Se trata, en este caso, de diseñarlos para que **no tengamos que usar decimales en absoluto**.

Esta decisión facilitará el proceso de corrección y suma de puntos pero también facilitará **la transcripción de la nota a nuestra hoja de cálculo** (o cuaderno digital de profesor), reduciendo el tiempo porque no tendremos cifras decimales que transcribir. Parece una mejora minúscula, pero piensa en esto la próxima vez que te encuentres trascribiendo las notas de varias tareas seguidas a final de trimestre. ¿Cuánto tiempo dedicas durante el curso a transcribir las notas de los estudiantes? Ahora imagina si lo pudieras reducir a la mitad al no emplear decimales. Cada minuto cuenta.

Compara cómo sería transcribir estas dos series de cifras:

- **Con decimales:** 2,6 - 8,2 - 2,3 - 8,1 - 6,1...
- **Sin decimales:** 3 - 8 - 2 - 8 – 6...

### 5. Utiliza preguntas de "tipo test" también en tareas

¿Cómo nos deshacemos de los decimales? En general, podemos seguir las recomendaciones que he dado para exámenes sobre **estructura y calificación**, pero planificaremos la tarea o el test de forma que contengan 10 preguntas y sólo sea posible que **la respuesta sea correcta o incorrecta, sin matices intermedios**, de forma que no tengamos que acumular decimales en los puntos.

Piensa en el tipo de preguntas que habitualmente se realizan en las pruebas "tipo test":

- Respuesta múltiple
- Verdadero-Falso
- Completar una palabra
- Emparejar conceptos
- Etiquetar partes o procesos en una figura
- Etc.

### Ejemplos

Veamos un ejemplo basado en una hipotética **tarea sobre una lectura comprensiva** sobre la fotosíntesis en plantas. Tras la lectura del texto, la opción tradicional podría ser, por ejemplo, presentar una **pregunta de forma abierta**:

✗ MAL

*Pregunta: De acuerdo con el texto, explica el proceso de fotosíntesis, qué fases tiene, dónde ocurre, qué se necesita y qué se produce como resultado final*

Podemos transformar esta cuestión tan general en otras 10 preguntas muy concretas y dirigidas donde sólo haya opciones cerradas que sean correctas o incorrectas, por lo que no habrá decimales al calificarlas ni tampoco en la nota final:

✔ **BIEN**

- **Responder con una palabra:**

  *Pregunta:* *¿En qué parte de la planta se realiza principalmente la fotosíntesis?*

- **Verdadero/Falso:**

  *Pregunta:* *La fotosíntesis se realiza en las hojas ¿Verdadero o falso?*

- **Respuesta múltiple (este es el modelo de los tests más clásicos):**

  *Pregunta:* *¿En qué parte de la planta se realiza el proceso de fotosíntesis?*

  *A. Raíz*

  *B. Tallo*

  *C. Hoja*

  *D. Flor*

- **Completar frases:**

  *Pregunta:* *La principal parte de la planta donde se realiza el proceso de la fotosíntesis es* _____

Este tipo de tareas y tests **requiere una preparación previa adicional** y un **entrenamiento para que los estudiantes** se acostumbren, necesitan planificación y generalmente es difícil migrar inmediatamente desde otros tipos más tradicionales a estas, pero darán excelentes **resultados en nuestro ahorro de tiempo**. Además, presentan otras ventajas adicionales:

- Es **fácil encontrar este tipo de tests y tareas preparados en internet** que podemos copiar o adaptar rápida y fácilmente a nuestro caso
- Podremos transformarlos muy fácilmente (copiar y pegar) en tests autocorregidos para **Plickers, Kahoot o Google Forms**.

### 6. Excepciones

A pesar de estas recomendaciones para ahorrar tiempo, entiendo que **no siempre es fácil diseñar tareas y tests tan sumamente dirigidos.** Como ya he comentado, en muchas ocasiones queremos precisamente **evaluar cómo los estudiantes redactan** un texto, cómo lo estructuran, cómo escriben las frases, cómo las enlazan, cómo sintetizan en un párrafo, etc. **Esto es difícil de calificar porque son preguntas más abiertas**.

- En general, asignaturas como **lengua e historia**, por ejemplo, son asignaturas que requieren más a menudo este tipo de preguntas ampliadas, menos frecuentes en **matemáticas y ciencias**, que son con las que yo trabajo.

- En **idiomas** es frecuente pedir como tareas redacciones libres sobre un tema. Sin ninguna estructura externa ni apartados visibles no son rápidos de calificar.

- En otras ocasiones, por ejemplo en los cursos de **2º Bachillerato que preparamos para la EBAU/EvAU (Selectividad)**, queremos entrenar a nuestros estudiantes en los modelos de pruebas que se van a encontrar, las cuales tienen generalmente un formato definido y rígido con un reparto de puntos no equivalente entre preguntas. No están diseñadas con estructuras de puntos que sean fáciles de calificar.

Cuando nos encontramos en estas situaciones, trataremos de encontrar un equilibrio entre el formato que nos vemos obligados a cumplir y la facilidad de calificación que reduce nuestro tiempo de corrección.

### 7. Asigna un número a cada estudiante

Un truco final para ahorrar tiempo al transcribir las notas a tu hoja de cálculo o cuaderno digital. Al principio de curso, **asigna un número por orden alfabético a cada estudiante** de un grupo y que lo escriban siempre en la parte superior o en el encabezamiento del examen, test o tarea.

Cuando recoges y corriges los exámenes, los ordenas rápidamente siguiendo esta numeración y te resultará muchísimo más rápido copiar las notas, porque **estarán justo en el orden alfabético de tu hoja de cálculo**, sin tener que ir saltando aquí y allá con cada estudiante. Si rascamos un minuto de nuestro tiempo cada vez que transcribimos las notas, se convertirán en horas ahorradas al final del curso.

### 8. Décimas, centésimas y milésimas

Para todos aquellos que dejaron las matemáticas hace ya tiempo, quiero hacer un apunte sobre los nombres de las cifras decimales.

- **Décimas**. La primera cifra a la derecha de la coma decimal son las décimas. Es la **única cifra decimal que podemos necesitar para nuestras calificaciones**

- **Centésimas**. La segunda cifra a la derecha de la coma decimal son las centésimas. Podemos redondear si las usamos. No aportan información y dan trabajo

- **Milésimas**. La tercera cifra a la derecha de la coma decimal son las milésimas. **No las uses NUNCA, no te aportan NADA de información en el ámbito de las calificaciones**

### Ejemplo

Si tenemos una nota **3,875**, entonces:

- el 8 son las décimas
- el 7 las centésimas
- el 5 las milésimas.

Podemos tranquilamente redondear a 3,9 en nuestra hoja de cálculo sin ningún remordimiento ni pérdida grave de información.

# REFLEXIONA

- ✔ ¿Usas centésimas y milésimas en tus notas? ¿Crees que son absolutamente imprescindibles?
- ✔ ¿Cuánto tiempo te lleva sumar los puntos de un examen? ¿No sería más fácil con menos cifras decimales?
- ✔ ¿Cuánto tiempo te lleva transcribir las calificaciones a tu cuaderno? ¿No sería más rápido con menos cifras decimales?
- ✔ ¿Usas cifras decimales en los tests y tareas?
- ✔ ¿Usas tareas con preguntas abiertas o dirigidas?
- ✔ ¿Cuántos exámenes, tests y tareas corriges a lo largo del trimestre? ¿Cuánto tiempo ahorrarías si pudieras reducir sólo 1 minuto de cada uno que corriges?
- ✔ ¿Asignas un número de clase a tus estudiantes para facilitar la transcripción de calificaciones?

# PRACTICA

- ✔ Si aún no lo haces, asigna ya un número de clase a cada estudiante para transcribir sus notas
- ✔ Planifica tu próximo examen para que no uses ni en las preguntas ni en la nota total más que una cifra decimal
- ✔ Coge una tarea que tengas y la reorganizas para que tenga sólo 10 preguntas y se pueda puntuar sin decimales

# 19. NO USES RÚBRICAS PARA EVALUAR

En los últimos años se ha impuesto la tendencia de usar **rúbricas para evaluar todo tipo de tareas, proyectos, videos, trabajos en grupo, etc.**

En mi opinión, las rúbricas pueden servir a los profesores que comienzan en la profesión, ya que estas plantillas les dan unas **directrices estructuradas** de los ítems que son importantes. También presentan la ventaja pedagógica de que los estudiantes y sus familias reciben una **información más detallada y razonada** del porqué de la nota.

Sin embargo, desde el punto de vista de un profesor con experiencia que quiere ser más productivo, **son una pérdida de tiempo, ya que supone multiplicar los ítems** que debemos considerar de forma separada cuando podríamos revisar la tarea y evaluarla de forma global (teniendo en cuenta los mismos ítems pero sin explicitarlos en una bonita tabla) y asignar una nota rápidamente.

**RESUMEN DE PRODUCTIVIDAD**

✔ **Dificultad de poner en práctica:** Muy fácil

✔ **Tiempo necesario para comenzar a usarla:** Muy rápido

✔ **Potencial de ahorro:** Bajo-Alto dependiendo de la frecuencia con que usas las rúbricas para evaluar

✔ **Velocidad de obtención de resultados:** Rápida

## 1. Rúbrica frente a evaluación tradicional

Pongamos un ejemplo típico donde se evalúa con rúbrica: proyectos de investigación en el que los estudiantes deben entregar un informe final en papel. Los apartados típicos a evaluar serían: presentación, ortografía y gramática, redacción, estructura, contenido, recursos utilizados, etc.

¿Alguien piensa que cuando hacemos una **corrección directa sin rúbrica** no tenemos en cuenta estos mismos apartados? Los profesores con algo de experiencia los tenemos todos en cuenta de forma global sin tener que evaluarlos por separado y asignamos una nota global que, al final, es muy semejante a la que obtendríamos aplicando una rúbrica, pero **sin la pérdida de tiempo que conlleva**.

Con el uso de la rúbrica, en lugar de poner una nota a cada proyecto entregado, debemos calificar cada uno de los apartados de dicha rúbrica y calcular una media. **Hemos multiplicado nuestro trabajo (y el tiempo empleado)** por el número de ítems de la rúbrica…

## 2. ¿Cuándo SÍ usar las rúbricas?

*"Pero, ¿no acabas de decir que no las usemos? ¿En qué quedamos?..."*

Un profesor productivo siempre debe tener en cuenta los ahorros de tiempo, así que recomiendo usarlas en **situaciones donde SÍ suponen un ahorro de tiempo**:

- **En evaluaciones que tengan que realizar los mismos estudiantes:** autoevaluaciones o evaluaciones por compañeros.

  ○ La primera razón es que no tenemos que usarlas nosotros, sino los estudiantes, por lo que nos ahorramos ese tiempo precioso. **¡Que corrijan ellos!**

  ○ La segunda razón es pedagógica y es que **los estudiantes no son expertos en evaluación** como somos los profesores, de modo que **las rúbricas les ayudan a realizar una evaluación objetiva** teniendo en cuenta los apartados importantes y les orientan en cómo hacerlo.

Una vez ellos han realizado la evaluación con la rúbrica, nos la pasan a nosotros y únicamente tenemos que revisarlas y registrar las notas en nuestro cuaderno.

• En caso de **proyectos complejos realizados por grupos de estudiantes**, las rúbricas nos ayudan a tener en cuenta todos los apartados que queremos evaluar sin equivocarnos ni olvidar ninguno de ellos y no tendremos que dedicar mucho tiempo total ya que sólo deberemos usar una rúbrica por cada grupo de estudiantes, no por cada estudiante individual.

• En ocasiones, **las rúbricas son obligatorias en algunos tipos de proyectos** de innovación, proyectos integrados (yo aprendí a odiarlas en uno de estos...), proyectos multilingües, proyectos financiados, proyectos de intercambios, etc. En estos casos, no tenemos capacidad de decisión ni de oposición.

Como comentario final, si debemos usar rúbricas por la razón que sea, existen numerosas **aplicaciones y cuadernos digitales de profesor** que nos permiten crear la plantilla y calificarla de una forma automatizada y que consumirán un poco menos de tiempo. Cada minuto cuenta.

## REFLEXIONA

✔ ¿Usas habitualmente las rúbricas como forma de evaluación?

✔ ¿Consideras que son totalmente necesarias para evaluar?

## PRACTICA

✔ Si usas las rúbricas en algunas tareas, sustitúyelas por la escala 0-10 directamente

# 20. UTILIZA APLICACIONES DE CORRECCIÓN AUTOMÁTICA

Las aplicaciones de corrección automática me parecen **una de las mejores herramientas de ahorro de tiempo** para el profesor, ya que permiten reducir tiempos en dos aspectos cruciales:

1. **No tenemos que corregir nosotros** mismos todos y cada uno de los tests

2. Obtenemos las **calificaciones en un formato digital** listo para ser copiado y pegado en nuestra hoja de cálculo o cuaderno digital del profesor.

Otras ventajas es que generalmente mejoran la **participación y motivación** de los estudiantes por que se salen de las rutinas habituales e incorporan tecnología, y eso es un gran logro teniendo en cuenta que hablamos de pruebas de evaluación...

Como principales desventajas, requieren un **aprendizaje de su uso y una adaptación** de nuestros tests al formato adecuado y alguna es de pago (aunque podemos obtener versiones gratuitas sencillas para comenzar a usarlas).

Estoy bastante seguro de que el uso de estas aplicaciones y herramientas aumentará en el futuro dentro del entorno escolar.

No es el objetivo principal de este libro explicar con detalle todas y cada una de las aplicaciones existentes ni aportar un tutorial explicando cada una. Tampoco me considero un experto. Sin embargo, nombraré y comentaré algunas de las que he usado y me parecen más interesantes. A partir de ahí, puedes seguir explorando y elegir las que más te gusten.

### 1. Plickers

Es mi favorita. Desde que la conocí la he integrado de forma permanente en mis clases. (@ → *"Plickers"*)

Requiere una pantalla o pizarra digital donde proyectar preguntas de respuesta múltiple. A cada estudiante se le **asigna una tarjeta específica** (asociada a su nombre y número de lista) que tiene un patrón geométrico y cuatro diferentes posiciones. Para responder deben girar colocando hacia arriba la opción que consideran correcta.

El profesor usa una app para móvil (o tablet) con la cámara enfocando a las tarjetas (no es necesario desplazarse por el aula) y **se van registrando automáticamente las respuestas de cada estudiante**. Funciona de forma rápida y precisa. Sólo he tenido algún problema con la lectura de tarjetas cuando había extraños contrastes de luz en el aula. Se pueden visualizar los resultados desglosados por preguntas, estudiantes, grupos, etc. Permite generar informes grupales o individualizados en formato pdf. **A los estudiantes les encanta**. Existe la posibilidad de crear sets de preguntas para compartir con otros profesores. Si sólo quieres aprender a usar una para tus clases, es la que recomiendo.

**Ventajas**
- **Es muy fácil** de aprender a usar
- Despierta la **motivación y participación** de los estudiantes
- Registra las **notas en formato digital** que se puede descargar como hoja de cálculo
- Ofrece un **análisis completo** de resultados y generación de **informes de resultados** en formato pdf
- Permite **importar preguntas** de otros documentos

**Inconvenientes**
- Es necesario tener **proyector o pizarra digital**
- Requiere el **uso del móvil** (o tablet) por parte del profesor
- La versión gratuita sólo permite **sets de 5 preguntas**

### 2. Google Forms

Yo ya había usado previamente Google Forms (Formularios) para encuestas y recogida de información, pero esta aplicación, integrada en Google Classroom, supuso la **forma principal de evaluación online** de mis estudiantes **durante el período de confinamiento** duro en Marzo-Junio de 2020. (@ → *"Google Forms"*)

Es una herramienta **pensada principalmente para enseñanza online** o fuera de horario lectivo, pero se puede desarrollar también dentro de dicho horario si se usan ordenadores en el instituto o se permite a los estudiantes que accedan con sus móviles. Es **sencilla de aprender** y gestionar y permite **mucha flexibilidad** en los tipos de preguntas que se pueden plantear, aunque si queremos que se autocorrijan, nos tendremos que limitar a preguntas con respuestas concretas y no abiertas. Es gratuita y se integra directamente con Google Classroom, de modo que tras revisar la corrección, podemos **importar las notas** allí y **enviarlas directamente por mail** a los estudiantes y sus familias.

Es la herramienta principal que uso para evaluación por tests cuando trabajo con enseñanza online.

### 3. Kahoot!

Kahoot! es otra aplicación muy sencilla de usar en la que se proyectan las preguntas que hemos preparado junto con las posibles respuestas. (@ → "*Kahoot*"). Cada respuesta tiene un **código de color**. Los **estudiantes usan sus móviles o tablets** para conectarse a nuestra actividad con un código, se registran con su nombre y, cuando les aparece la pregunta, tienen un tiempo limitado para elegir la respuesta correcta. Reciben más puntos cuanto más rápido respondan. Este factor de velocidad crea un **ambiente competitivo** que genera **participación y motivación**.

El principal inconveniente es que cada estudiante debe usar su móvil y no siempre está permitido su uso en todos los institutos. Otro pequeño inconveniente es que cada estudiante puede elegir un alias al registrarse en el test y eso crea momentos desagradables por su desafortunada elección (insultos, palabrotas, órganos sexuales...) Para ello, recomiendo dejar claro que deben registrarse con su nombre y apellidos auténticos o serán sancionados. También permite su **integración sencilla en Google Classroom**.

### 4. Otras aplicaciones y mucho sentido común

La lista de aplicaciones que podrían entrar en este capítulo es interminable: *gradescanner, quizziz, edpuzzle, socrative, quizlet, educaplay,...*

En realidad podría ser un trabajo a tiempo completo **probar todas estas aplicaciones** y expresar una **opinión razonada y valorada sobre su uso**, implementación, ventajas, inconvenientes, etc. Afortunadamente, existen numerosos blogs y webs que lo hacen, y nos ahorran mucho trabajo de prueba y selección (@ → "*Aplicaciones para evaluación de estudiantes*").

• Mi recomendación en este caso es **preguntar a otros profesores de nuestro entorno**, si es posible de **nuestro propio departamento**. Si algún compañero cercano lo está usando, nos podrá proporcionar información de primera mano, nos podrá mostrar su **uso real con estudiantes**, nos valorará los aspectos positivos y negativos, además de que podrá compartir con nosotros algunos materiales que haya preparado y que estén listos para usar sin muchas modificaciones.

• Otra recomendación es limitar el número de aplicaciones que usemos a 2-3, para **no perder mucho tiempo aprendiendo a usarlas** ni tampoco despistar mucho a nuestros estudiantes con variaciones frecuentes. **Es mejor ser experto en pocas aplicaciones que novato en muchas**. Ahorraremos tiempo y dolores de cabeza.

## REFLEXIONA

---

✔ ¿Usas alguna aplicación de evaluación automatizada?

✔ ¿Algún compañero del departamento o del instituto donde trabajas usa alguna de estas aplicaciones? Pregúntales

✔ ¿Cuánto tiempo dedicas a corregir tareas y tests en papel?

✔ ¿Podrías transformar fácilmente tareas o tests que ya tienes en modelos de test para estas aplicaciones y que se autocorrijan?

## PRACTICA

---

✔ Descarga *Plickers,* aprende a usarla y empieza a aplicarla en clase

✔ Si permiten el móvil a los estudiantes, prueba *Kahoot!*

✔ Transforma tus tests de papel en digitales con corrección automática para Plickers o Google Forms

# 21. USA HOJAS DE CÁLCULO COMO CUADERNO DE PROFESOR

Antes de comenzar, espero que no sigas usando un cuaderno de profesor en formato papel. Si aún no lo usas, deberías migrar ya a un formato digital. Es más eficiente.

Las hojas de cálculo son herramientas informáticas muy potentes que permiten muchas funcionalidades cuando trabajamos con datos numéricos. Las más conocidas son **Excel de Microsoft, Calc de OpenOffice o LibreOffice y Google Sheets**.

Yo utilizo esta última aplicación (Google Sheets) como cuaderno de notas digital, ya que es una herramienta online y puedo acceder fácilmente a ella desde cualquier dispositivo con conexión a internet, pero todo lo que diga en este capítulo es aplicable con muy pocas diferencias a las otras.

La principal ventaja es que son una forma sencilla y gratuita de mantener un **completo cuaderno del profesor** que permite registrar todas las calificaciones numéricas y también otras anotaciones específicas. Por supuesto, sustituyen totalmente a la calculadora ya que realiza automáticamente todo tipo de medias y conteos. El pequeño inconveniente es que **requiere un ligero aprendizaje** y, al principio, lo reconozco, tienen un aspecto poco amigable e incluso intimidatorio.

No dedicaré este capítulo a explicar los detalles básicos del funcionamiento, que pueden encontrarse fácilmente buscando algún **tutorial en Google o Youtube**. (@ → *"Cómo usar una hoja de cálculo"*) Otra opción es que busquemos en nuestro entorno algún profesor que las esté utilizando y pueda enseñarnos a arrancar con su uso.

También podremos encontrar en internet **plantillas listas para usar** que se adapten a nuestras necesidades. Me centraré en comentar los usos que podemos darles como docentes.

---

**RESUMEN DE PRODUCTIVIDAD**

- **Dificultad de poner en práctica:** Baja-Alta, en función de tu habilidad con ordenadores
- **Tiempo necesario para comenzar a usarla:** Rápido
- **Potencial de ahorro:** Bajo-Medio
- **Velocidad de obtención de resultados:** Rápida
- **Ventajas adicionales:** Ahorramos también tiempo en la transcripción de las notas

---

## \* ATENCIÓN

- Si **nunca has usado una hoja de cálculo**, este capítulo no te traerá más que frustración porque no entenderás nada y no podrás aplicarlo fácilmente. Te recomiendo que lo leas con la mente abierta viendo las posibilidades que te ofrece y decidas si te merece la pena (yo creo que sí), luego buscas algún tutorial por internet para arrancar y le pides a algún compañero que te prepare una plantilla básica para aplicar lo que aquí explico.

- En el otro extremo, si eres un **usuario avanzado de hojas de cálculo** y ya las aplicas como forma de calcular las notas, este artículo no te aportará nada nuevo. Puedes saltar al siguiente.

- Si **ya has usado hojas de cálculo** para otros objetivos pero no como cuaderno del profesor, entonces este capítulo sí está destinado a ti para que veas las enormes posibilidades de esta herramienta.

## 1. Nivel básico: cálculo de medias

Cuando creamos una hoja de cálculo, añadimos los nombres de los estudiantes en las celdas de la primera columna y vamos escribiendo las notas de las diferentes actividades en las celdas de las columnas siguientes. Cuando tenemos varias notas ya escritas, usamos la fórmula "**PROMEDIO**" (o también en inglés "**AVERAGE**") para calcular la media de estas notas con el nivel de decimales que deseemos (¡Sólo décimas!). (**Atención:** Para los ejemplos de este capítulo, las notas se han generado aleatoriamente).

| G2 | | fx | =PROMEDIO(B2:F2) | | | |
|---|---|---|---|---|---|---|
| | A | B | C | D | E | F | G |
| 1 | | NOTA 1 | NOTA 2 | NOTA 3 | NOTA 4 | NOTA 5 | MEDIA |
| 2 | Alumno 1 | 6,6 | 8,0 | 2,3 | 1,3 | 3,0 | =PROMEDIO(B2:F2) |
| 3 | Alumno 2 | 1,1 | 3,7 | 0,6 | 9,3 | 4,7 | |
| 4 | Alumno 3 | 5,8 | 1,8 | 6,4 | 3,3 | 0,3 | |
| 5 | Alumno 4 | 3,4 | 4,8 | 1,6 | 5,0 | 0,4 | |
| 6 | Alumno 5 | 3,0 | 2,0 | 8,2 | 3,8 | 9,2 | |
| 7 | | | | | | | |

Basta con que lo hagamos para una fila (un estudiante) y luego podemos copiar y pegar (o arrastrar) la fórmula al resto de casillas.

| G2:G6 | | fx | =AVERAGE(B2:F2) | | | |
|---|---|---|---|---|---|---|
| | A | B | C | D | E | F | G |
| 1 | | NOTA 1 | NOTA 2 | NOTA 3 | NOTA 4 | NOTA 5 | MEDIA |
| 2 | Alumno 1 | 6,6 | 8,0 | 2,3 | 1,3 | 3,0 | 4,2 |
| 3 | Alumno 2 | 1,1 | 3,7 | 0,6 | 9,3 | 4,7 | 3,9 |
| 4 | Alumno 3 | 5,8 | 1,8 | 6,4 | 3,3 | 0,3 | 3,5 |
| 5 | Alumno 4 | 3,4 | 4,8 | 1,6 | 5,0 | 0,4 | 3,1 |
| 6 | Alumno 5 | 3,0 | 2,0 | 8,2 | 3,8 | 9,2 | 5,2 |
| 7 | | | | | | | |

Sólo nos resultará útil cuando consideramos que **todas las notas cuentan lo mismo en nuestra media**, lo cual no es habitual. Podría ser el caso del cálculo de la media del curso donde los tres trimestres cuentan de forma equivalente en esa media.

## 2. Nivel intermedio: medias ponderadas

Generalmente, no hacemos una media equivalente de todas las notas, sino que **las agrupamos en bloques** (Exámenes, Tareas, Tests, Proyectos, Presentaciones, etc.) y cada bloque sumará diferente porcentaje en la nota final. Para cada bloque temático usaremos primero la función "**PROMEDIO**" que nos dará la nota media de ese bloque.

Veamos este ejemplo sencillo para calcular la media de las notas de los apartados de Exámenes y de Tareas.

En primer lugar, calculamos la media de las notas de los Exámenes del mismo modo que hemos hecho anteriormente:

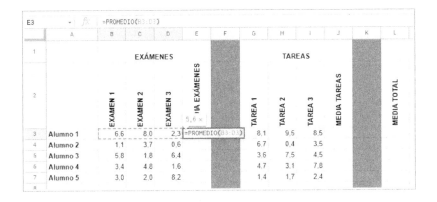

En segundo lugar, calculamos la media de las notas de las Tareas:

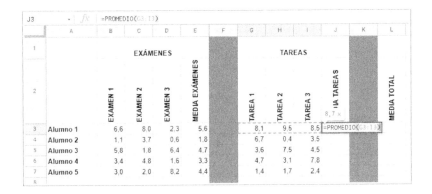

A continuación, para calcular una media ponderada nos iremos a **una casilla separada de la misma fila** (*Media total*, en la fila del mismo estudiante) y usaremos **una fórmula que asigne a cada bloque el porcentaje que hemos decidido**.

Supongamos que queremos que los exámenes cuenten un 60% y las tareas otro 40% del total de la media. (Podrían ser diferentes en tu caso particular).

Para calcular la media ponderada total, la fórmula sería:

**Media total = (0,6 * Media Exámenes) + (0,4 * Media Tareas)**

Por supuesto, en la hoja de cálculo, en lugar de *"Media Exámenes"* o *"Media Tareas"* nosotros usaremos la vinculación con las casillas correspondientes. Suena más complicado de lo que es en realidad, ya que basta con clicar en la casilla adecuada.

| | | EXÁMENES | | | | | TAREAS | | | | | |
|---|---|---|---|---|---|---|---|---|---|---|---|---|
| | | EXAMEN 1 | EXAMEN 2 | EXAMEN 3 | MEDIA EXÁMENES | | TAREA 1 | TAREA 2 | TAREA 3 | MEDIA TAREAS | | HA TOTAL |
| Alumno 1 | | 6.6 | 8.0 | 2.3 | 5.6 | | 8.1 | 9.5 | 8.5 | 8.7 | | =(0,6*F3)+(0,4*J3) |
| Alumno 2 | | 1.1 | 3.7 | 0.6 | 1.8 | | 6.7 | 0.4 | 3.5 | 3.6 | | |
| Alumno 3 | | 5.8 | 1.8 | 6.4 | 4.7 | | 3.6 | 7.5 | 4.5 | 5.2 | | |
| Alumno 4 | | 3.4 | 4.8 | 1.6 | 3.3 | | 4.7 | 3.1 | 7.8 | 5.2 | | |
| Alumno 5 | | 3.0 | 2.0 | 8.2 | 4.4 | | 1.4 | 1.7 | 2.4 | 1.8 | | |

Y posteriormente lo extendemos a todos los estudiantes copiando y pegando la fórmula en las celdas correspondientes o simplemente arrastrando mediante el uso del ratón y de esta forma obtenemos sus medias finales.

Esta es la forma habitual de usar las hojas de cálculo como cuaderno de profesor para **calcular las medias trimestrales.** Puede haber pequeñas variaciones, pero en esencia se mantiene esta estructura ponderada con diferentes porcentajes.

| L3:L7 | ▾ | *f͡x* | =(0,6*E3)+(0,4*J3) | | | | | | | | |

| | A | B | C | D | E | F | G | H | I | J | K | L |
|---|---|---|---|---|---|---|---|---|---|---|---|---|
| 1 | | EXÁMENES | | | | | TAREAS | | | | | |
| 2 | | EXAMEN 1 | EXAMEN 2 | EXAMEN 3 | MEDIA EXÁMENES | | TAREA 1 | TAREA 2 | TAREA 3 | MEDIA TAREAS | | MEDIA TOTAL |
| 3 | Alumno 1 | 6,6 | 8,0 | 2,3 | 5,6 | | 8,1 | 9,5 | 8,5 | 8,7 | | 6,8 |
| 4 | Alumno 2 | 1,1 | 3,7 | 0,6 | 1,8 | | 6,7 | 0,4 | 3,5 | 3,6 | | 2,5 |
| 5 | Alumno 3 | 5,8 | 1,8 | 6,4 | 4,7 | | 3,6 | 7,5 | 4,5 | 5,2 | | 4,9 |
| 6 | Alumno 4 | 3,4 | 4,8 | 1,6 | 3,3 | | 4,7 | 3,1 | 7,8 | 5,2 | | 4,1 |
| 7 | Alumno 5 | 3,0 | 2,0 | 8,2 | 4,4 | | 1,4 | 1,7 | 2,4 | 1,8 | | 3,4 |
| 8 | | | | | | | | | | | | |

No es necesario que la diseñemos nosotros, basta con descargar una plantilla apropiada o pedir a alguien que cree una plantilla específica para nosotros (con los porcentajes de ponderación que vayamos a usar) y nos limitaremos a apuntar las notas mientras que **las medias se irán calculando instantáneamente.**

### 3. Nivel avanzado: CONTAR.SI

Las hojas de cálculo contienen también una fórmula o función llamada "**CONTAR.SI**" que nos permite señalar una condición y contar cuantas casillas dentro de un rango elegido la cumplen. Por ejemplo, podemos usar "**CONTAR.SI**" para que nos calcule cuántos estudiantes han suspendido un examen concreto (Condición "<5") o no han entregado una tarea concreta (Condición "=0") o hacerlo para cada estudiante individual. Por supuesto que podríamos contar directamente nosotros, pero cuando tenemos muchos datos esta fórmula nos ahorra tiempo y nos da la información automáticamente tan pronto como añadimos nuevas notas.

Vamos a usar esta fórmula en varios casos para obtener un conteo de diferentes valores que nos pueden resultar interesantes.

**A. Tareas no entregadas.** Aquí vemos cómo usamos esta función para contar cuántas tareas no ha entregado cada estudiante. La condición que usamos en la fórmula es "=0" (ya que una nota de 0 indica que no la ha entregado).

En primer lugar lo aplicamos a uno de los estudiantes:

| | A | B | C | D | E | F | G | H | I | J | K | L | M |
|---|---|---|---|---|---|---|---|---|---|---|---|---|---|
| | | | EXÁMENES | | | | | TAREAS | | | | | |
| | | EXAMEN 1 | EXAMEN 2 | EXAMEN 3 | MEDIA EXÁMENES | | TAREA 1 | TAREA 2 | TAREA 3 | MEDIA TAREAS | ENTREGADAS | | MEDIA TOTAL |
| 3 | Alumno 1 | 6,6 | 8,0 | 2,3 | 5,6 | | 0 | 9,5 | 8,5 | 6 | =CONTAR.SI(G3:I3;"=0") | | |
| 4 | Alumno 2 | 1,1 | 3,7 | 0,6 | 1,8 | | 0 | 0,4 | 3,5 | 1 | | | 1,6 |
| 5 | Alumno 3 | 5,8 | 1,8 | 6,4 | 4,7 | | 3,6 | 7,5 | 4,5 | 5,2 | | | 4,9 |
| 6 | Alumno 4 | 3,4 | 4,8 | 1,6 | 3,3 | | 0 | 3,1 | 0 | 1 | | | 2,4 |
| 7 | Alumno 5 | 3,0 | 2,0 | 8,2 | 4,4 | | 1,4 | 0 | 2,4 | 1,3 | | | 3,1 |

Y de nuevo copiamos el formato para que se aplique a todos los estudiantes de la clase:

| | A | B | C | D | E | F | G | H | I | J | K | L | M |
|---|---|---|---|---|---|---|---|---|---|---|---|---|---|
| | | | EXÁMENES | | | | | TAREAS | | | | | |
| | | EXAMEN 1 | EXAMEN 2 | EXAMEN 3 | MEDIA EXÁMENES | | TAREA 1 | TAREA 2 | TAREA 3 | MEDIA TAREAS | NO ENTREGADAS | | MEDIA TOTAL |
| 3 | Alumno 1 | 6,6 | 8,0 | 2,3 | 5,6 | | 0 | 9,5 | 8,5 | 6 | 1 | | 5,8 |
| 4 | Alumno 2 | 1,1 | 3,7 | 0,6 | 1,8 | | 0 | 0,4 | 3,5 | 1 | 1 | | 1,6 |
| 5 | Alumno 3 | 5,8 | 1,8 | 6,4 | 4,7 | | 3,6 | 7,5 | 4,5 | 5,2 | 0 | | 4,9 |
| 6 | Alumno 4 | 3,4 | 4,8 | 1,6 | 3,3 | | 0 | 3,1 | 0 | 1 | 2 | | 2,4 |
| 7 | Alumno 5 | 3,0 | 2,0 | 8,2 | 4,4 | | 1,4 | 0 | 2,4 | 1,3 | 1 | | 3,1 |

**B. Exámenes suspensos de un estudiante.** A continuación la usamos para obtener cuántos exámenes ha suspendido cada estudiante. La condición será "<5". De nuevo, empezamos aplicando la fórmula a uno de ellos:

| | A | B | C | D | E | F | G | H | I | J | K | L | M | N |
|---|---|---|---|---|---|---|---|---|---|---|---|---|---|---|
| | | | EXÁMENES | | | | | TAREAS | | | | | | |
| | | EXAMEN 1 | EXAMEN 2 | EXAMEN 3 | MEDIA EXÁMENES | PENSOS | | TAREA 1 | TAREA 2 | TAREA 3 | MEDIA TAREAS | NO ENTREGADAS | | MEDIA TOTAL |
| 3 | Alumno 1 | 6,6 | 8,0 | 2,3 | 5,6 | =CONTAR.SI(B3:D3;"<5") | | 9,5 | 8,5 | 6 | 1 | | | 5,8 |
| 4 | Alumno 2 | 1,1 | 3,7 | 0,6 | 1,8 | | 0 | 0,4 | 3,5 | 1 | 1 | | | 1,6 |
| 5 | Alumno 3 | 5,8 | 1,8 | 6,4 | 4,7 | | 3,6 | 7,5 | 4,5 | 5,2 | 0 | | | 4,9 |
| 6 | Alumno 4 | 3,4 | 4,8 | 1,6 | 3,3 | | 0 | 3,1 | 0 | 1 | 2 | | | 2,4 |
| 7 | Alumno 5 | 3,0 | 2,0 | 8,2 | 4,4 | | 1,4 | 0 | 2,4 | 1,3 | 1 | | | 3,1 |

Y posteriormente extendemos el cálculo para toda la columna correspondiente:

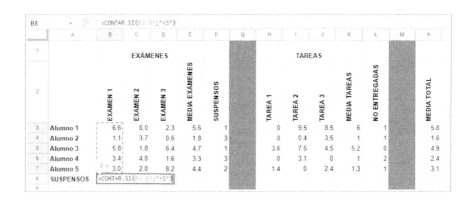

| | EXÁMENES | | | | SUSPENSOS | | TAREAS | | | | NO ENTREGADAS | | MEDIA TOTAL |
|---|---|---|---|---|---|---|---|---|---|---|---|---|---|
| | EXAMEN 1 | EXAMEN 2 | EXAMEN 3 | MEDIA EXÁMENES | | | TAREA 1 | TAREA 2 | TAREA 3 | MEDIA TAREAS | | | |
| Alumno 1 | 6,6 | 8,0 | 2,3 | 5,6 | 1 | | 0 | 9,5 | 8,5 | 6 | 1 | | 5,8 |
| Alumno 2 | 1,1 | 3,7 | 0,6 | 1,8 | 3 | | 0 | 0,4 | 3,5 | 1 | 1 | | 1,6 |
| Alumno 3 | 5,8 | 1,8 | 6,4 | 4,7 | 1 | | 3,6 | 7,5 | 4,5 | 5,2 | 0 | | 4,9 |
| Alumno 4 | 3,4 | 4,0 | 1,6 | 3,3 | 3 | | 0 | 3,1 | 0 | 1 | 2 | | 2,4 |
| Alumno 5 | 3,0 | 2,0 | 8,2 | 4,4 | 2 | | 1,4 | 0 | 2,4 | 1,3 | 1 | | 3,1 |

**C. Estudiantes que suspenden determinados exámenes.** Finalmente, podemos aplicar la misma función a las columnas de exámenes para contar cuántos estudiantes han suspendido cada uno de ellos.

Comenzamos con la columna de uno de los exámenes. De nuevo, la condición que indica un examen suspenso es "<5".

| | EXÁMENES | | | | SUSPENSOS | | TAREAS | | | | NO ENTREGADAS | | MEDIA TOTAL |
|---|---|---|---|---|---|---|---|---|---|---|---|---|---|
| | EXAMEN 1 | EXAMEN 2 | EXAMEN 3 | MEDIA EXÁMENES | | | TAREA 1 | TAREA 2 | TAREA 3 | MEDIA TAREAS | | | |
| Alumno 1 | 6,6 | 8,0 | 2,3 | 5,6 | 1 | | 0 | 9,5 | 8,5 | 6 | 1 | | 5,8 |
| Alumno 2 | 1,1 | 3,7 | 0,6 | 1,8 | 3 | | 0 | 0,4 | 3,5 | 1 | 1 | | 1,6 |
| Alumno 3 | 5,8 | 1,8 | 6,4 | 4,7 | 1 | | 3,6 | 7,5 | 4,5 | 5,2 | 0 | | 4,9 |
| Alumno 4 | 3,4 | 4,8 | 1,6 | 3,3 | 3 | | 0 | 3,1 | 0 | 1 | 2 | | 2,4 |
| Alumno 5 | 3,0 | 2,0 | 8,2 | 4,4 | 2 | | 1,4 | 0 | 2,4 | 1,3 | 1 | | 3,1 |
| SUSPENSOS | =CONTAR.SI(B3:B7;"<5") | | | | | | | | | | | | |

Y luego extendemos la fórmula al resto de exámenes copiando y pegando la fórmula que hemos usado en las otras celdas de la misma fila:

| B8:D8 | | $fx$ | =COUNTIF(□:B7;"<5") | | | | | | | | | | |

| A | EXÁMENES | | | MEDIA EXÁMENES | SUSPENSOS | | TAREAS | | | MEDIA TAREAS | NO ENTREGADAS | | MEDIA TOTAL |
|---|---|---|---|---|---|---|---|---|---|---|---|---|---|
| | EXAMEN 1 | EXAMEN 2 | EXAMEN 3 | | | | TAREA 1 | TAREA 2 | TAREA 3 | | | | |
| Alumno 1 | 6.6 | 8.0 | 2.3 | 5.6 | 1 | | 0 | 9.5 | 8.5 | 6 | 1 | | 5.8 |
| Alumno 2 | 1.1 | 3.7 | 0.6 | 1.8 | 3 | | 0 | 0.4 | 3.5 | 1 | 1 | | 1.6 |
| Alumno 3 | 5.8 | 1.8 | 6.4 | 4.7 | 1 | | 3.6 | 7.5 | 4.5 | 5.2 | 0 | | 4.9 |
| Alumno 4 | 3.4 | 4.8 | 1.6 | 3.3 | 3 | | 0 | 3.1 | 0 | 1 | 2 | | 2.4 |
| Alumno 5 | 3.0 | 2.0 | 8.2 | 4.4 | 2 | | 1.4 | 0 | 2.4 | 1.3 | 1 | | 3.1 |
| SUSPENSOS | 3 | 4 | 3 | | | | | | | | | | |

## 4. Nivel profesional: Colores, gráficas, anotaciones

Si te ha gustado e interesado lo que has leído, hay otras muchas funcionalidades adicionales y te animo a explorarlas. Sólo voy a nombrar tres más que pueden ser de gran utilidad:

**A. Formatos de color condicionales.** Las hojas de cálculo permiten que **el color de los números o de los fondos de las celdas cambien según su valor.** Podemos, por ejemplo, hacer que los números o los fondos de las celdas sean todos verdes si son iguales o mayores que 5 ("**Aprobado**") y rojos si son menores que 5 ("**Suspenso**") De esta forma, se nos crea un "Mapa de calor" en colores rojo y verde que nos da una visión general de estudiantes o actividades aprobadas y suspensas.

**B. Gráficas.** Para redactar algunos **informes**, a veces necesitamos generar gráficas que los ilustren. Con las hojas de cálculo, podemos elegir el rango de datos que queremos transformar en una gráfica y seguir las **instrucciones de los asistentes de la aplicación** para crear la gráfica que nos interese: gráfica de barras con las notas por bloques de un estudiante individual, gráfica de puntos con la evolución en el tiempo de las medias de exámenes del grupo, gráfica circular con porcentaje de aprobados y suspensos, etc.

**C. Anotaciones en formato texto.** Las hojas de cálculo están originalmente diseñadas para trabajar con datos numéricos, lo cual no impide **el uso de textos en las casillas.** Podemos ampliar nuestro cuaderno para, además de registrar las notas, recoger anotaciones sobre los estudiantes con **información de todo tipo que consideremos relevante**: *"Amonestado en clase el día 25 de Octubre"*, *"Intentó copiar en el examen del tema 2"*, *"Está repitiendo curso"*, *"Tiene 1º ESO pendiente"*, *"Contactada la familia el día 30 de Enero"*, etc.

### 5. Aplicaciones de cuadernos digitales

Si yo empezase a dar clase ahora, en lugar de usar mis hojas de cálculo, trataría de **usar un cuaderno digital de profesor** para recoger todas las calificaciones y toda la información importante de mis estudiantes y de mi tutoría. Existen varios de ellos disponibles, aunque hay dos que son bastante **más conocidos y usados** (En España, al menos), principalmente *Additio* (disponible en iOS y Android) e *iDoceo* (Sólo para iOS) (@ → *"Additio"*, *"iDoceo"*). Ambas opciones son de pago.

Los profesores que usan alguna de estas dos aplicaciones están muy satisfechos por la facilidad de uso y las características adicionales integradas.

Si habéis usado **Google Classroom** en época de confinamiento COVID o para enseñanza online, sabéis que esta herramienta de Google también puede funcionar como un **cuaderno de notas básico** donde podemos evaluar las actividades (sean online o presenciales) y las calificaciones **se comunican directamente a los estudiantes y sus familias**. Classroom es muy sencilla y se integra con las otras herramientas de Google a la perfección. (@ → *"Google Classroom"*).

En algunas comunidades autónomas españolas (como Andalucía, donde yo trabajo), la Consejería de Educación ha creado unas aplicaciones para móvil que funcionan como cuaderno del profesor (En Andalucía se llama *Cuaderno Seneca*). En el pasado, yo intenté iniciarme en su uso un par de veces y fallé porque era complicada de manejar y tenía defectos graves. Los últimos comentarios de profesores que la usan no son tan negativos.

La principal ventaja que yo veo en el **Cuaderno Seneca** (y en las aplicaciones equivalentes en otras autonomías) es que adicionalmente al uso como cuaderno del profesor integran una forma **sencilla de establecer contacto con las familias**: se notifican los exámenes y las calificaciones, podemos mandar y recibir mensajes breves o largos, informar de incidentes disciplinarios, concertar citas si somos tutores, etc.; todo dentro de la misma aplicación, con lo evitamos dispersarnos duplicando tareas burocráticas y evitamos tener que aprender a usar otras herramientas. **Cada minuto cuenta**

## REFLEXIONA

---

- ✔ ¿Qué tipo de cuaderno de profesor usas: papel, hoja de cálculo, iDoceo, Additio, otro?
- ✔ ¿Sigues usando calculadora para sacar las medias trimestrales o finales?
- ✔ ¿Usas hojas de cálculo como cuaderno del profesor? ¿Las usas en otro contexto y te resultaría sencillo adaptarlas para esta función?

## PRACTICA

---

- ✔ Pregunta a tus compañeros de trabajo qué sistema usan como cuaderno del profesor y que te cuenten las ventajas y problemas que tienen
- ✔ Averigua si existe un cuaderno digital "oficial" en tu comunidad y aprende a usarlo
- ✔ Mira algún tutorial de Youtube con aplicaciones de hojas de cálculo para las notas escolares y decide si te interesa aprender su uso

# 22. NO CASTIGUES CON EXÁMENES O TESTS

Hay ocasiones en las que somos **nosotros mismos los que aumentamos nuestra carga de trabajo** y dedicamos más tiempo del necesario.

¿Quién no se ha encontrado en una situación como esta?: Estamos tratando de explicar algo en clase. Los estudiantes hablan mucho, no atienden la explicación y **amenazamos con poner un examen o test al día siguiente** si no mejoran el comportamiento.

Evidentemente, a la mayoría de nuestros estudiantes actuales no les afecta la amenaza (desafortunadamente, cada vez están menos preocupados por sus resultados académicos y a los más disruptivos **les importan muy poco los tests o los exámenes**), mantienen su mal comportamiento y nosotros debemos cumplir la amenaza (*"No amenaces con nada que no vayas a cumplir"*), por lo que nos vemos obligados a preparar un examen o test para el día siguiente, pasarlo en clase y corregirlo.

Hemos cometido un error mayúsculo de principiante que **nos golpea donde más nos duele: quitándonos nuestro tiempo.**

**1. Separación entre comportamiento y evaluación**

Para empezar, un planteamiento de base, que muchos profesores (pero también los propios estudiantes y sus familias) olvidamos a menudo: **el mal comportamiento de los estudiantes no debería tener efectos en sus resultados académicos, sino en sanciones disciplinarias.**

Las calificaciones evalúan los conocimientos adquiridos por los estudiantes y para ello usamos los instrumentos de evaluación que elijamos: exámenes, tests, tareas, proyectos, presentaciones, etc.

**Para controlar los comportamientos disruptivos debemos usar herramientas disciplinarias**: castigos variados, contacto con la familia, partes por mal comportamiento, sanciones variadas, etc.

Cuando usamos una actividad curricular como castigo, se generan un par de problemas:

**A.** En primer lugar, asociamos en la mente de los estudiantes que estas actividades son negativas y producen rechazo en ellos: *"El examen es un castigo" o "El test es un castigo"*.

**B.** En segundo lugar, al actuar de esta forma, de repente **añadimos más trabajo en nuestra agenda**, trabajo que requiere tiempo de preparación y corrección y que además surge de forma no planificada, lo cual es un grave trastorno en nuestra organización del tiempo. El resultado es que **se ha transformado en un castigo para nosotros...**

Por tanto, como regla general, **NUNCA uses exámenes o tests como castigo** para el mal comportamiento de la clase. En su lugar, usa las herramientas disciplinarias que haya establecidas.

## REFLEXIONA

✔ ¿Usas test, exámenes o tareas como castigos del mal comportamiento de tus estudiantes?

✔ ¿Crees que esto te funciona para mejorarlo?

✔ ¿Qué alternativas se te ocurren para sustituir este tipo de castigos?

## PRACTICA

✔ La próxima vez que te encuentres en una situación semejante, actúa con medidas disciplinarias y no creando más trabajo de corrección para ti

# PARTE IV

# TAREAS ADMINISTRATIVAS

# 23. MÍNIMA BUROCRACIA IMPRESCINDIBLE

Las tareas administrativas son **el grupo de actividades que más han aumentado** en nuestra carga de trabajo en los últimos años: registro de datos de estudiantes, preparación de programaciones y unidades didácticas, elaboración de informes de estudiantes o asignaturas, informes de resultados trimestrales o finales, reuniones de equipos educativos (presenciales u online), redacción de actas de estas reuniones, reuniones de departamento, actas de reuniones de departamento, reuniones de tutores de nivel, evaluaciones, actas de evaluaciones, adaptaciones curriculares, partes disciplinarios, informes de acoso escolar, consejo orientador, claustros, elaboración de informes de tutoría, sociogramas, pre-evaluaciones, post-evaluaciones, contactos por mail con familias, etc. Podríamos seguir un par de párrafos o escribir un libro completo hablando de estas tareas administrativas...

Además de haber crecido sin control ni lógica práctica, son un tipo de tareas que a los profesores nos cuesta llevar a cabo porque se salen de nuestro ámbito de trabajo y **no forman parte de nuestra vocación educativa**. Muchas veces hemos escuchado o dicho nosotros mismos: *"Prefiero corregir un examen a rellenar otro informe, aunque me cuesten el mismo tiempo"*.

El problema es que estas tareas administrativas forman parte de nuestra obligación y han venido para quedarse, incluso es muy probable que aumenten en el futuro. Por tanto, debemos tener alguna **estrategia** con la que enfrentarnos a ellas de manera **eficiente y productiva**.

## 1. Mínima Burocracia Imprescindible

Para empezar, tenemos que entender que una parte de estas tareas burocráticas **no tiene utilidad práctica**: nadie las lee, nadie las revisa, a nadie le interesan…: inútiles en definitiva. Muchos de estos papeles se rellenan y se archivan sin revisión, simplemente se controla que están realizados y almacenados (antes en papel, ahora en formato digital) sin ninguna otra repercusión ni resultado. Esta es la premisa: lo único importante es que **debe estar completado y archivado, independientemente de su contenido** o calidad de este.

Por tanto, cuando detectemos que la tarea que hemos de completar cae dentro de esta descripción, aplicaremos la estrategia de **mínima burocracia imprescindible** y **no dedicaremos ni un minuto más** a este tipo de tareas.

¿En qué consiste esta estrategia? Básicamente, consiste en completar exclusivamente el **contenido mínimo que sea necesario** y tratar de **copiar y pegar todos los apartados posibles de otros documentos o plantillas**. Veamos algunos consejos:

• Antes de comenzar a realizar ninguna tarea administrativa, debemos **preguntar y preguntarnos si es obligatoria e imprescindible**. Algunas familias nos escriben frecuentemente por mail pero no es necesario contestar a todos ellos. A veces he dedicado un tiempo precioso a redactar **informes** que no eran estrictamente necesarios o con un formato más extenso de lo que era imprescindible. **Antes de rellenar, preguntar.**

• En otras ocasiones a los tutores se nos piden tareas burocráticas adicionales que no entran dentro de nuestras responsabilidades, sino que recaen en otros profesores específicos, en la jefatura de estudios, en el director del centro, en los jefes de departamento, en el orientador, etc. En estos casos, hemos de negarnos a realizarlas y que **se asignen a los responsables correctos.** La tutoría ya tiene innumerables tareas obligatorias como para que nos sobrecarguen con otras.

• **¿Cuál es el objetivo** de esta tarea burocrática? Algunas actas hay que redactarlas y archivarlas, sin que **nadie las vaya a revisar nunca.** Lo mismo ocurre con algunos informes, los cuales **se redactan para ser archivados sin ser leídos.** Tiempo mínimo para ellos sin remordimientos. No es lo mismo redactar un texto para un informe que va a ser directamente archivado o para una familia que lo va a leer con atención y detenimiento. En este caso sí dedicaríamos más tiempo.

• **Lo breve es bueno y productivo.** En algunos casos, debemos rellenar informes con apartados que sí son obligatorios. Cuanto más texto escrito, más tiempo consumido en redactarlo. Si es posible, en lugar de extendernos con explicaciones complejas, trataremos de **usar pocas palabras, la menor cantidad posible.** Mejor una palabra que dos. **Cuanto más breve, mejor.** Si tenemos que rellenar varios de estos informes y cada uno de ellos contiene varios apartados, **se multiplica el tiempo ahorrado.** Cada minuto cuenta. Veamos algunos ejemplos variados:

  ○ *¿Se ha completado la programación?* ***Sí***

  ○ *¿Cuál ha sido la evolución de los resultados?* ***Positiva***

  ○ *¿Contactos con la familia?* ***No responden***

  ○ *¿Análisis de resultados?* ***Buenos***

  ○ *Desarrollo de la programación:* ***Terminados Temas 1-7***

## 2. Copiar y pegar

Estoy seguro de que en algún momento futuro se le dedicará un monumento a **Larry Tesler**, el ingeniero que inventó el uso de la combinación de comandos *Control+C/Control+V* para copiar y pegar textos en el ordenador (@ → *"Larry Tesler"*). Como ya he comentado en otros capítulos, deberíamos crear carpetas de documentos con **modelos, plantillas, textos estándar**, etc., que podamos usar en diferentes ocasiones simplemente copiando y pegando. Incluso si el texto no es 100% adecuado, siempre será **más rápido modificarlo ligeramente que reescribirlo totalmente.** Esto se puede aplicar a numerosos informes, mailes y actas cuyos contenidos se repiten periódicamente. En los informes de seguimiento sobre estudiantes que nos piden, podemos simplemente copiar y pegar las calificaciones y las anotaciones del estudiante que tenemos en nuestra hoja de cálculo en lugar de redactar los textos desde cero. En los mailes a las familias, nos vemos repitiendo los mismos comentarios, avisos y recomendaciones una y otra vez. Lo más productivo es tener varias **plantillas genéricas que podamos copiar, pegar y personalizar.** (Ver capítulo siguiente)

## 3. No dejes que las tareas administrativas se acumulen

No siempre es posible, pero un buen consejo general es deshacerte de las tareas administrativas en cuanto puedas completarlas y **NUNCA dejar que se acumulen.**

- Rellenar el **informe de un estudiante** nos puede llevar 3-5 minutos y lo podemos realizar en cualquier tiempo muerto o entre dos tareas más largas. Si dejamos que se acumulen 5 informes de estudiantes, deberemos encontrar al menos 15-25 minutos de nuestro tiempo y esto complicará nuestra agenda.

- Si redactamos **las actas de cualquier reunión** justo después de mantenerla, tendremos las ideas frescas y la terminaremos rápido. Si la retrasamos, dedicaremos más tiempo porque no recordaremos exactamente lo que hemos de escribir.

- Los **mailes a las familias** deberíamos contestarlos sin mucha demora (salvo excepciones). Respondemos el mail en 2-3 minutos copiando y pegando fragmentos y nos olvidamos.

- Si nos piden propuestas de mejora tras la evaluación trimestral o en otro momento, sacamos nuestra plantilla, copiamos y pegamos las que nos parezcan apropiadas en ese momento y nos quitamos esa preocupación.

Y así deberíamos actuar con toda la burocracia. Si la enfrentamos en cuanto la recibimos, o en el mismo día si podemos, **ganaremos eficiencia y paz mental.**

Adicionalmente, deberíamos tratar de dejar este tipo de tareas terminadas de una vez, sin dejar apartados para completar posteriormente o que tengamos que revisar, porque se extenderán en el tiempo improductivamente.

### 4. Completa tareas administrativas en los tiempos muertos

La burocracia es aburrida y consume tiempo, pero generalmente no necesita que dediquemos mucha concentración o atención, así que es **perfecta para completar durante los tiempos muertos.** Si disponemos de 15 minutos, podemos revisar nuestra bandeja de entrada y contestar a los mailes; podemos completar informes de seguimiento de estudiantes; podemos copiar y pegar nuestras propuestas de mejora, etc. Si eliminamos pequeñas tareas puntualmente, **evitamos que se acumulen** y nos cueste más enfrentarlas.

### 5. Reuniones presenciales y online

La generalización del uso de videollamadas para realizar reuniones ha supuesto un beneficio al evitar desplazamientos pero también **ha multiplicado sin control el número de estas reuniones** al asumirse incorrectamente que se pueden realizar cómodamente desde nuestras casas sin ninguna interferencia con nuestra vida privada.

Unos últimos consejos que pueden resultar útiles se refieren a estas reuniones presenciales y online a las que estamos obligados a asistir.

### Pregunta antes de acudir

La primera herramienta es **preguntar si es estrictamente imprescindible** llevar a cabo la reunión. ¿Cuántas veces nos hemos visto soportando reuniones donde lo único que se hace es leernos o pasarnos un papel con información que se podría haber mandado por mail? ¿Cuántas reuniones inútiles has sufrido solamente por el mero hecho de que estaba programada y había que llevarla a cabo? Hay un famoso meme en inglés sobre esto: *"This meeting should have been an email"*. *"Esta reunión debería haber sido un mail"*...

En muchos institutos donde he trabajado, **se aplicaba el sentido común** y sólo se convocaban y realizaban las reuniones que fueran necesarias, sin perder el tiempo de los profesores. Pero no en todos...

Por tanto, antes de convocar una reunión, preguntaremos al responsable: *¿Es absolutamente imprescindible tener este reunión? ¿No se puede arreglar con un mail informativo?* A veces, basta con formular la pregunta para que se den cuenta de que no era tan necesario reunirse.

### Desconecta y aprovecha el tiempo

Vamos a la reunión en sí. Supongamos que la reunión es imprescindible porque así lo marca la ley (reuniones de equipos educativos, evaluaciones, claustros, etc.) En algunos casos concretos, tendremos que mantener nuestra atención y participar de vez en cuando porque el tema o grupo lo requiere, pero en otros muchos momentos no necesitamos que nuestra mente esté allí, por lo que **podemos usar ese tiempo muerto para realizar tareas burocráticas o de corrección**, por ejemplo.

El ejemplo más obvio de estas reuniones son las reuniones de **claustros de profesores** (En España, los claustros se refieren a las reuniones periódicas con asistencia de todos los profesores de una escuela). Hubo un tiempo en que los claustros eran reuniones de opinión, participación, debate y el profesorado tenía capacidad decisoria en muchos aspectos. Actualmente se han convertido en reuniones de cumplimiento legal donde **el equipo directivo informa a los profesores** sobre diferentes aspectos, sin que haya mucho margen de maniobra, debate o decisión. Se han transformado en largos tiempos muertos, donde podemos desconectar mentalmente (sobre todo si estamos en una reunión online) y dedicarnos a aprovechar nuestro tiempo de forma eficiente, respondiendo mailes o corrigiendo tests. Cada minuto cuenta.

## REFLEXIONA

✔ ¿Cuáles son las tareas administrativas que menos te gustan?

✔ ¿Cuántas reuniones tienes habitualmente que podrían sustituirse por un mail informativo?

✔ ¿Usas plantillas para cortar y pegar textos en mailes, informes, actas, etc.?

✔ ¿Aprovechas el tiempo de reuniones online y claustros para corregir? ¿Usas estos tiempos para responder mailes y transcribir notas?

## PRACTICA

✔ Pregunta a tus compañeros de trabajo si tienen modelos o plantillas para contestar mailes de familias, para informes de estudiantes, para actas de reuniones, etc. y te los pueden pasar

✔ Crea tu carpeta con estos modelos y plantillas. Recuerda ordenarlos y nombrarlos adecuadamente. Compártelos

✔ Aplica la idea de Mínima Burocracia Imprescindible la próxima vez que debas completar un documento que sepas que no va a ser revisado con mucha atención

# 24. RACIONALIZA LOS CONTACTOS CON LAS FAMILIAS

Una de las tareas administrativas que más tiempo suele consumir a los tutores es la de contactar con las familias. Antes de la pandemia del coronavirus, se esperaba que los tutores tuviéramos **entrevistas presenciales con familias** para conocerlas, hablar con ellas, comentar la evolución académica, comportamiento, etc. y también algunos **contactos telefónicos** cuando fueran necesarios. La situación de separación física para prevenir el coronavirus ha supuesto eliminar la mayor parte de los contactos presenciales y potenciar de forma rutinaria las entrevistas online y llamadas telefónicas. Esto conlleva una comodidad al **evitar desplazamientos** pero también un inconveniente ya que se ha asumido que los profesores debemos tener mucha más disponibilidad para estos contactos.

## RESUMEN DE PRODUCTIVIDAD
- ✔ **Dificultad de poner en práctica:** Baja-Media
- ✔ **Tiempo necesario para comenzar a usarla:** Rápido
- ✔ **Potencial de ahorro:** Bajo-Medio
- ✔ **Velocidad de obtención de resultados:** Rápida

## 1. Asigna y cumple los horarios de entrevistas

Antes de comenzar, debemos tener claro que realizar las entrevistas con las familias forma parte de nuestras obligaciones como tutores, pero esta circunstancia no se puede convertir en una dictadura del *"cliente siempre tiene la razón"* en que debamos estar **disponibles en todo momento** o que **se nos obligue a atenderlas** cuando no nos resulte conveniente. No somos una tienda abierta 24 horas.

Del mismo modo que tenemos nuestro horario de clases lectivas, deberíamos tener fijados los días en los que vamos a atender las entrevistas con las familias y tratar de cumplirlos (aunque siempre puede haber imprevistos). Lo recomendable es **asignar un único horario de mañana y otro de tarde** para poder atender a todas las entrevistas y llamadas. Esto es, para aclarar, una hora de atención sólo un día de la semana por la mañana y una hora de atención de sólo un día de la semana por la tarde. Si estos horarios nos vienen asignados, los aceptaremos y nos adaptaremos a ellos. Si no nos vienen asignados, los colocaremos donde nos parezcan adecuados y nos vengan bien.

Mi consejo general es que, una vez asignados estos horarios, les enviemos un mail a las familias dejando claro que esos son los **horarios de atención directa y no cualquier otro**. Si dejamos entrever que somos flexibles con los horarios de atención, nos encontraremos con situaciones de abuso o puro surrealismo.

En una ocasión, antes del coronavirus, una familia me pidió que me acercara por la tarde-noche a un bar cercano a su casa para poder realizar la entrevista porque el instituto les quedaba muy lejos…

**\* ATENCIÓN:** Como dejé claro en la introducción, estas son las condiciones aplicables a la educación secundaria pública en Andalucía. Seguro que varían en otras etapas educativas, en otras regiones o países. La idea esencial es que te limites a atender a las familias en los **tiempos que legalmente estén asignados** y no los extiendas salvo situaciones excepcionales. **Si el tiempo laboral legalmente asignado no resulta suficiente, debería modificarse desde la**

**administración** educativa para poder desarrollar adecuadamente las funciones y no depender de la dedicación de tiempo de nuestra vida personal para compensarlo.

### 2. Fija y cumple el contenido de la entrevista y marca un tiempo límite

Al concertar la entrevista debemos **concretar de qué vamos a hablar** (entrevista inicial, resultados académicos, comportamiento, situaciones particulares, etc.) y **el tiempo que va a durar la entrevista.** Yo normalmente asigno 20 minutos por entrevista, excepto que considere que vamos a necesitar más tiempo, pero generalmente es suficiente.

Durante la entrevista, tras las cortesías iniciales, voy **directamente a los temas que tenemos que tratar,** tomando notas en papel de la información más relevante o los acuerdos alcanzados. Al final, me despido y dedico **5 minutos a poner en orden lo que he anotado.** Si son importantes, transcribo algunas de las anotaciones a la ficha digital del estudiante. Si no lo son, se quedan en el papel original y me ahorro ese tiempo de transcripción.

Por la forma de expresarlo, parecería que soy un tutor un poco antipático, pero no es así en absoluto. Soy educado y correcto. Mantengo en todo momento las buenas maneras a la vez que trato de **centrarme en mi trabajo y no perder tiempo.** Escucho con atención. Hago preguntas. Si la reunión se sale del tema, la redirijo. No hemos de perder nunca la perspectiva de que **es una reunión de trabajo, no una charla de amigos o conocidos.**

Si conseguimos ser eficientes en estas reuniones, no dedicaremos más tiempo que el necesario.

### 3. No hay que intentar contentar a los incontentables

Hay familias que requieren mucha atención. Piensan que ellos y sus hijos son lo más importante del mundo y todo debería girar a su alrededor. Tienen además una visión muy sesgada de la realidad. Generalmente, nunca se sienten satisfechos con la atención que les brindamos. Yo las llamo *"familias incontentables"* porque nunca están contentas con lo que decimos, hacemos o proponemos. Y pueden convertirse en un **agujero negro** donde nuestro tiempo se esfuma sin resultados.

### ¿Cómo detectar familias incontentables?

Estas son algunas características que suelen encontrarse en estos perfiles:

- Sus hijos suelen ser malos estudiantes y presentan problemas de comportamiento
- Nos mandan uno o varios mailes semanales sin contenido relevante
- Intentan tener reuniones presenciales u online con mucha frecuencia
- Estas reuniones duran el doble que con otras familias
- Sus hijos nunca son responsables de nada: si suspenden, el profesor les tiene manía; si tienen problemas con los compañeros, es que les hacen bullying; si llegan tarde a clase por la mañana, la culpa recae en el tráfico; si llegan tarde a clase tras el recreo, el problema es del servicio de la cafetería escolar...
- Exigen el diagnóstico del estudiante por el orientador y no están de acuerdo con lo que diagnostica
- Exigen hablar directamente con el director o con el jefe de estudios

Seguro que identificas el patrón.

Mi filosofía es sencilla y se basa en el sentido común. Hay que tratarlas como lo haríamos con cualquier otra familia, pero sin **ningún tipo de privilegio ni ningún tiempo extra dedicado** a pesar de su insistencia, porque nunca vamos a conseguir que queden contentas sin importar lo que hagamos y no podemos entrar en una dinámica de tratar de cumplir sus expectativas ya que nos va a estresar más y nunca lo conseguiremos. Permanecerán insatisfechas independientemente de nuestra dedicación. No malgastemos nuestro tiempo con ellas.

### 4. No llames, manda mailes

Las entrevistas y llamadas telefónicas resultan en ocasiones imprescindibles , pero no siempre lo son. La mayoría de las veces **la comunicación por mail es más eficiente** por diversas razones.

La principal razón es que es una comunicación asíncrona y esto nos ahorra tiempo: podemos leer y contestar mailes en **tiempos muertos planificados** y podemos usar nuestras plantillas para copiar y pegar el contenido que necesitemos. En el tiempo dedicado a una entrevista online puedo atender por mail a 5 familias. Adicionalmente, tenemos una **prueba documental** de lo que hemos comunicado por escrito y cuándo se envió, lo cual nos evitará pequeños problemas en casos delicados.

Muchas familias también agradecen este tipo de comunicación porque les ahorra tiempo también a ellas o les resulta más cómodo.

Otro aspecto importante es que **no deberíamos estar constantemente pendientes de los mailes** y tratar de contestarlos inmediatamente, aunque nos entren constantemente notificaciones al móvil (¡elimínalas!). Lo único que conseguiremos así es estresarnos. Hemos de reservar un tiempo a contestar mailes en nuestra **rutina de trabajo** (o en los tiempos muertos) pero no deben tener prioridad sobre otras funciones docentes importantes como preparar clases o corregir. Si no podemos contestar todos en una sesión de trabajo, ya lo haremos al día siguiente. Si contestamos **inmediatamente** todos los mailes que nos entran por el móvil, las familias normalizarán esta circunstancia y nos exigirán **respuestas inmediatas siempre**, lo cual no es sostenible. Hay que educar también a las familias en estas interacciones y proteger nuestra salud mental.

### 5. Usa plantillas para mailes

Las plantillas que usemos deben estar bien pensadas para que sean lo más generales posibles y **necesiten muy pocos cambios** para personalizarlas. **Siempre hay que personalizar los mensajes**, aunque se note que provienen de una plantilla general. Si dedicamos un poco de tiempo a planificar y preparar correctamente las plantillas, nos ahorraremos mucho tiempo más en el largo plazo.

Yo uso tres tipos generales de plantillas:

**A. Plantillas específicas para algunos temas** donde se copia y pega el texto y simplemente se personaliza el nombre del estudiante o se modifica algún pequeño detalle necesario.

**Ejemplo:** Notificación para conectarse a Google Classroom

*Estimada familia de …………*

*Les informo que a fecha de hoy, su hijo/a no se ha conectado a la plataforma Google Classroom, lo cual es necesario para completar muchas de las actividades de diferentes asignaturas durante el presente curso escolar.*

*Les ruego se aseguren de que su hijo/a se conecta con los códigos que le han facilitado los profesores de dichas asignaturas.*

*Por favor, confirmen que han recibido el presente mail.*

*Saludos*

**B. Plantillas muy completas** donde el cuerpo de texto contiene mucha información y para personalizarla se va **eliminando la información innecesaria**.

**Ejemplo:** Notificación de entrevista personal

*Estimada familia de …*

*Como tutor de su hijo/a, me gustaría tener una entrevista online el próximo día …. a las …. horas para tratar los siguientes temas:*

- *Integración del estudiante en el grupo de clase*
- *Resultados académicos*
- *Comportamiento*
- *Medidas académicas complementarias*

- *Sanciones disciplinarias*
- *Derivación al orientador del centro*
- *Recopilación de datos sobre la salud*

*Si la fecha y hora no les viene bien, por favor propongan otra dentro de los horarios de atención que les facilité a principio de curso.*

*Por favor, confirmen que han recibido el presente mail.*

*Saludos*


**C.** Si hay que enviar algún **mensaje general**, el texto se mantiene sin personalizar y hago un único envío con las copias ocultas del mail. (¡Atención a los temas legales de **protección de datos y privacidad!**) (@ → *"Cómo enviar copias ocultas de un mail"*)

**Ejemplo:** Información de horarios de atención a las familias

*Estimadas familias:*

*Les informo que el horario de atención a familias durante el presente curso será:*

- *Lunes de 16:00 a 17:00 horas*
- *Miércoles de 11:30 a 12:30 horas*

*Saludos*


## 6. Aplicaciones de comunicación para móvil (y tablet)

En España, como ya he comentado, algunas administraciones educativas han puesto en uso diferentes aplicaciones para las comunicaciones con las familias. En educación pública de Andalucía son **iSeneca para profesores e iPasen para familias.** Son **gratuitas, prácticas y sencillas de usar.** Concentran en ellas nuestras comunicaciones "oficiales" con familias por lo que no hemos de dispersar nuestra atención ni usar múltiples vías de contacto. Como contrapartida, requieren el uso de móvil o tablet y, si recibimos muchas notificaciones, pueden crearnos estrés. Para evitar este estrés, sugiero **eliminar las notificaciones y delimitar unos horarios concretos para leer y responder estos mensajes.**

# REFLEXIONA

- ✔ ¿Tienes asignados unos días y horas específicos para atender a las entrevistas con familias?

- ✔ ¿Asignas un límite de tiempo y un listado de temas a tratar en cada entrevista con las familias?

- ✔ ¿Tienes plantillas o modelos de mailes que puedas copiar y pegar en comunicaciones con familias?

- ✔ ¿Cuánto tiempo semanal dedicas a llamadas telefónicas y comunicaciones por mail con las familias?

- ✔ ¿Hay algunas familias que te quitan más tiempo que otras? ¿Alguna *"familia incontentable"*?

# PRACTICA

- ✔ Pregunta a tus compañeros de trabajo (tutores del mismo curso u orientador, por ejemplo) si tienen alguna carpeta con plantillas o modelos de mailes para comunicarse con las familias y pide que te los pasen. Si nadie las tiene, propón crear algunos modelos entre todos y compartirlos

- ✔ No llames a las familias a menos que sea imprescindible o urgente. Si lo puedes solucionar con un mail, no llames

- ✔ Asigna un horario para entrevistas a familias y cúmplelo

- ✔ Si recibes muchos mailes o comunicaciones de familias, asigna un horario para responderlos y cúmplelo

## 25. ELIGE CURSOS DE PAGO PARA CONSEGUIR TUS PUNTOS

Considero muy importante **mantener la formación** a lo largo de nuestra vida. Como docentes, debemos estar siempre actualizando nuestros conocimientos para mantenernos al día en innovación, tecnología, pedagogía, legislación, etc. Afortunadamente, internet nos permite acceder a multitud de **cursos online de gran calidad** y muy poco precio (o gratis). Por lo tanto, te animo a buscar cursos de formación cuya temática te interese, cuyo formato te guste y que se adapten a tus circunstancias de tiempo y economía. **Aprender es siempre la mejor inversión de futuro.**

Sin embargo, en este capítulo me voy a centrar en los cursos que los profesores de enseñanza pública necesitamos para sumar puntos en la **fase de concurso de las oposiciones o en la convalidación de sexenios.**

---

### RESUMEN DE PRODUCTIVIDAD

✔ **Dificultad de poner en práctica:** Ninguna

✔ **Tiempo necesario para comenzar a usarla:** Rápido

✔ **Potencial de ahorro:** Bajo-Medio, en función de la cantidad de puntos que buscamos

✔ **Velocidad de obtención de resultados:** Rápida

\* **ATENCIÓN**: El contenido de este capítulo es aplicable al sistema educativo público en España, desconozco cómo funciona en otros países.

### 1. Paga por los puntos

Muchos de nosotros intentamos hacer cursos o grupos de trabajo corporativos (ofrecidos principalmente por los centros de formación del profesorado) que nos pueden interesar más o menos pero principalmente por la razón de que son gratuitos, pero estamos pagando esta gratuidad con **mucha más dedicación por los mismos puntos**: requieren un número determinado de clases presenciales u online, requieren participación continua en plataformas educativas, requieren proyectos finales laboriosos, requieren interacción con los profesores, etc. En definitiva: requieren nuestro tiempo...

Pero hemos de tener algo claro, **nuestro recurso más valioso es el tiempo, por encima del dinero**. El dinero siempre lo podemos conseguir de otra forma, pero **el tiempo gastado desaparece y no vuelve**. Por tanto, como norma general (también aplicable en nuestra vida), si tenemos que elegir entre gastar tiempo o dinero, deberíamos gastar nuestro dinero (si lo tenemos, por supuesto) y **reservar nuestro tiempo**.

Como conclusión, el consejo es sencillo: si necesitas los **puntos para las oposiciones o sexenios**, busca por internet uno que esté homologado y que requiera el **mínimo esfuerzo posible**, pagas, lo completas en el mínimo tiempo posible y esperas tu certificación. Y, a continuación, con los puntos ya conseguidos, dedicas tu tiempo ahorrado, si quieres, a realizar el otro curso corporativo que te atraiga o a lo que tú decidas libremente.

### 2. Aclaración

Antes de que me lluevan opiniones encendidas y ofendidas sobre la **calidad** de los cursos y grupos de trabajo ofrecidos por los **centros**

**de formación del profesorado**, quiero recordar a todos que **este libro trata de ahorro de tiempo**.

Objetivamente, en igualdad de horas certificadas y puntos obtenidos, se dedican **menos horas de trabajo en un curso online de pago** que en un curso o grupo de trabajo organizado por los centros del profesorado o demás instituciones educativas.

## REFLEXIONA

✔ ¿Estás realizando algún curso o grupo de trabajo organizado por el centro del profesorado?
✔ ¿Estás realizando algún curso online de pago?
✔ ¿Te apuntas a cursos y grupos de trabajo cuando te lo piden los compañeros?

## PRACTICA

✔ Busca alguna web, o pregunta a tus compañeros por una, donde oferten cursos para obtener fácilmente los puntos para oposiciones y sexenios
✔ Busca opiniones sobre las webs que hayas encontrado. Compara opiniones y precios

# 26. GESTIONA RÁPIDAMENTE LOS PROBLEMAS DE CONDUCTA

Es un hecho. Los problemas de conducta en el aula **han aumentado en los últimos años y siguen aumentando.** Los profesores que llevamos mucho tiempo lo estamos constatando y sufriendo. No entraré a analizar las causas de este aumento, pues se escriben libros completos analizando los datos y opinando sobre el tema. Me centraré en el lado práctico para que los efectos de esta plaga no afecten demasiado al tiempo dedicado a nuestro trabajo.

---

**RESUMEN DE PRODUCTIVIDAD**

✔ **Dificultad de poner en práctica:** Baja-Media

✔ **Tiempo necesario para comenzar a usarla:** Rápido

✔ **Potencial de ahorro:** Bajo-Medio

✔ **Velocidad de obtención de resultados:** Rápida

---

### 1. Más vale prevenir que curar

Antes de llegar a un problema de conducta, hemos de tratar de **evitarlo porque esto nos llevará menos tiempo que intentar resolverlo** posteriormente. Hay muchas formas concretas de prevenirlos y puedes encontrar cientos de ellas en internet, pero **no existe una receta exacta o fórmula mágica que pueda aplicarse siempre.** Hay cosas que funcionan con unos profesores o grupos que no sirven cuando se aplican por otros profesores o en otros grupos.

Estas son algunas directrices generales para prevenir problemas de conducta en un grupo:

- Intenta aplicar **metodologías más activas** que impliquen la participación de los estudiantes. Si participan y están entretenidos, se "olvidan" de portarse mal. Trabajar por proyectos y aprendizaje cooperativo pueden funcionar bien, aunque requieren un trabajo extra de preparación y un período de adaptación.

- **Baja el nivel académico.** Muchos estudiantes se frustran cuando no alcanzan los conocimientos exigidos y reaccionan con mal comportamiento. No podemos renunciar a los contenidos mínimos, pero podemos ceder en la profundidad con la que los trabajamos o el número de ejercicios que realizamos.

- Asigna **tareas físicas a los estudiantes conflictivos.** Pídeles que te ayuden a transportar unos libros, a borrar la pizarra, a cambiar los pósters del aula, etc. Haz que se sientan activos y útiles contigo.

- **Crea vínculos personales** con los estudiantes para que te vean como una persona y no como "el enemigo".

- **Concede pequeños privilegios** que desaparecen si hay mal comportamiento. Funcionan mejor que los castigos. Por ejemplo, crea el hábito de terminar las clases con un pequeño juego (sopa de letras, acertijo, sudoku, etc.) que sólo se realiza cuando ha habido buen comportamiento general.

- **Refuerza comportamientos positivos** siempre que sea posible para promover una actitud positiva. Usar pegatinas físicas funciona muy bien en algunas edades.


### 2. Actúa con rapidez siguiendo las normas

Siguiendo los anteriores consejos podremos prevenir algunos incidentes, pero no todos. **Inevitablemente, surgirán problemas.** Cuando esto suceda, debemos actuar con rapidez, ya que algunas de **las sanciones disciplinarias que se pueden aplicar llevan burocracia y tiempo.**

El hecho de que estos incidentes **generen mucho trabajo administrativo** nos lleva en ocasiones a dejarlo de lado o **aplazarlo** porque tenemos otras cosas más urgentes a las que dedicarnos, pero es un error, ya que **puede ampliarse el problema**: el estudiante, al ver que sus actos no tienen consecuencias inmediatas, puede mantener o empeorar su comportamiento disruptivo.

Por tanto, en cuanto tengamos un incidente, echaremos mano del **reglamento de disciplina del centro y actuaremos en consecuencia lo más rápidamente posible**: comunicación a la familia, redacción de un parte disciplinario, expulsión de clase, aula de convivencia, castigo leve o grave o lo que consideremos necesario en función de la gravedad de la situación y del **protocolo establecido en nuestro centro.**

Es muy importante que actuemos siempre según lo que marca el reglamento específico del centro para **evitarnos problemas legales con el estudiante y la familia.** En caso de duda, lo consultamos con la jefatura de estudios o dirección.

¿Por qué insisto en el aspecto legal de la aplicación de castigos o sanciones? Porque me he encontrado en situaciones en las que aplicar una medida de castigo de "sentido común" a un mal comportamiento se convirtió en casi un incidente diplomático en el que por poco tuve que pedir yo disculpas ante la familia. Nunca más.

Si somos consistentes y seguimos los procedimientos, aunque no controlemos todos los incidentes, ya que esto es imposible, **podremos limitar el tiempo dedicado a gestionar las tareas administrativas** asociadas a las actuaciones disciplinarias.

Adicionalmente, el hecho de actuar de forma rápida y consistente con los comportamientos disruptivos nos creará una **reputación de profesores "estrictos"** entre los mismos estudiantes que nos ayudará a prevenir incidentes futuros.

### 3. Plantillas de comunicación de incidentes disciplinarios

La parte administrativa de la redacción de partes disciplinarios y comunicación de incidentes a las familias también se puede acelerar si hemos creado unas **plantillas que podamos personalizar para cada caso.**

Este podría ser un ejemplo:

**Modelo de plantilla de comunicación a la familia:**

*Estimada familia de ....*

*El día .... su hijo/a ha tenido el siguiente comportamiento:*

*...*

*De acuerdo a la legislación vigente y al reglamento del centro, se considera una falta leve dentro de la siguiente categoría:*

*a) Los actos que perturben el normal desarrollo de las actividades de la clase.*

*b) La falta de colaboración sistemática del alumnado en la realización de las actividades orientadas al desarrollo del currículo, así como en el seguimiento de las orientaciones del profesorado respecto a su aprendizaje.*

*c) Las conductas que puedan impedir o dificultar el ejercicio del derecho o el cumplimiento del deber de estudiar por sus compañeros.*

*d) Las faltas injustificadas de puntualidad.*

*e) Las faltas injustificadas de asistencia a clase.*

*f) La incorrección y desconsideración hacia los otros miembros de la comunidad*

*g) Causar pequeños daños en las instalaciones, recursos materiales o documentos del centro, o en las pertenencias de los demás miembros de la comunidad educativa.*

*Tras consultar con jefatura de estudios se le aplicará la sanción adecuada según el reglamento.*

*Por favor, confirmen que han recibido el presente mail*

*Saludos*

**Texto personalizado:**

*Estimada familia de* **Pepito García**

*El día* **20/10/2020** *su hijo ha tenido el siguiente comportamiento:*

**Dibuja sobre la mesa con rotulador permanente. Cuando se le llama la atención y se le pide que lo borre, se niega a hacerlo.**

*De acuerdo a la legislación vigente y al reglamento del centro, se considera una falta leve dentro de la siguiente categoría:*

*g) Causar pequeños daños en las instalaciones, recursos materiales o documentos del centro, o en las pertenencias de los demás miembros de la comunidad educativa.*

*Tras consultar con jefatura de estudios se le aplicará la sanción adecuada según el reglamento.*

*Por favor, confirmen que han recibido el presente mail*

*Saludos*


Si tenemos varias de estas plantillas para los incidentes y comunicaciones más comunes, podremos redactar en muy poco tiempo todas estas notificaciones de manera productiva, incluso inmediatamente después de que se produzcan. Cuando redactemos una nueva, la acumularemos en nuestra biblioteca de plantillas para su uso en el futuro.


### 4. La inevitable carga emocional

Los incidentes de mal comportamiento nos crean mucha **tensión a nivel emocional**. Muchas veces implican **enfrentamientos desagradables** con los adolescentes incontrolados. No podemos olvidar el incidente con facilidad, le damos vueltas en nuestra cabeza, pensamos si hicimos lo correcto o en variaciones de lo que podríamos haber hecho en el momento…; es decir, **nos llevamos el malestar emocional con nosotros** y no es fácil deshacerse de él. Y esto repercute en **nuestra capacidad de atención y concentración** y nos lleva a dedicar más tiempo a las otras tareas.

Siento decir que tampoco hay fórmula mágica para eliminar la tensión, cada uno se enfrenta desde su experiencia y sus circunstancias. En mi caso, **practicar algo de ejercicio físico o alguno de mis hobbies** me permite **desconectar y recargar de nuevo la energía** olvidando temporalmente la situación desagradable, volviendo progresivamente a mi dinámica de trabajo. Busca **tu forma de eliminar la tensión** generada por estas situaciones.

## REFLEXIONA

---

- ✔ ¿Cómo intentas prevenir los problemas de disciplina o conflictos en tus clases?
- ✔ ¿Te funciona?
- ✔ ¿Actúas rápidamente tras incidentes de mal comportamiento?
- ✔ ¿Hay que realizar mucha burocracia en tu instituto para gestionar estos incidentes?
- ✔ ¿Cómo alivias la tensión personal que generan estos incidentes?

## PRACTICA

---

- ✔ Pregunta a tus compañeros de trabajo si tienen alguna carpeta con plantillas o modelos de mailes para comunicar los incidentes disciplinarios más frecuentes. Si nadie las tiene, propón crear algunos modelos entre todos y compartirlos
- ✔ Prepara una lista (*"checklist"*) con el procedimiento a seguir cuando surgen estos incidentes de comportamiento y úsala cuando ocurran

# PARTE V

# OTROS CONSEJOS Y REFLEXIONES

# 27. MIDE EL TIEMPO QUE DEDICAS A TRABAJAR

¡Vuelta al cole! Vamos a hacer un test de respuesta múltiple. Elige la respuesta correcta.

**Pregunta:** *Creo que últimamente estoy engordando ¿Cómo lo puedo saber?*

*A. Me miro al espejo y me veo más gordo*

*B. Los pantalones me aprietan más de lo normal*

*C. Mis amigos me dicen que tengo tripita*

*D. Me peso siempre con la misma báscula y he ganado 1,5 kg el último mes*

*E. Todas son correctas*

Aunque todas parezcan responder adecuadamente a lo que pregunto, la única respuesta correcta es la letra D, porque nos da **evidencia medible objetiva de que he aumentado el peso.**

Las otras opciones no son fiables, porque son **subjetivas.** Dependiendo de mi estado de ánimo, al mirarme al espejo me veo más gordo o delgado, más guapo o feo, más viejo o joven, a veces durante el mismo día... Los pantalones me aprietan más o menos dependiendo de la tela de la que están hechos y casi siempre aprietan cuando están recién lavados. Mis amigos pueden decir lo que quieran, casi siempre están de broma, así que no les hago mucho caso...

Lo que quiero que entiendas es que antes de ponerte a ahorrar tiempo, deberías **saber objetivamente cuánto tiempo real dedicas** ahora y la única forma de saberlo es **midiéndolo.** De hecho, deberías ser más específico, averiguando cuánto tiempo dedicas a cada tipo de tarea para luego centrarte en ahorrar tiempo en aquellas que más tiempo consuman o que más fácil se pueden reducir.

Muchas veces este análisis de tiempo empleado nos aporta claridad porque nos hace ver que un tipo de tareas consumen la mayor parte de nuestro tiempo; o que sufrimos muchas **interrupciones o distracciones;** o que no trabajamos muchas horas en realidad, pero que se concentran en algunos días y eso nos crea estrés durante esas jornadas.

### 1. ¿Cómo medir el tiempo que dedicamos al trabajo?

Necesitamos un reloj y un papel. No recomiendo usar el móvil para mirar la hora porque es una fuente constante de distracción cuando trabajamos (Revisa el capítulo 2).

Pones el reloj y un papel a un lado de la mesa de trabajo y cuando comiences a realizar cualquier actividad relacionada con el trabajo, escribes la hora de inicio con precisión de 1 minuto y la actividad que realizas (con el nivel de detalle que prefieras). Cuando termines esa actividad, escribes la hora de finalización. Así sabrás cuánto tiempo has dedicado a esa tarea.

Cuanto más específico seas, más información tendrás para analizar y de más calidad serán las conclusiones. Sin embargo, también puede ser más tedioso de mantener.

Por ejemplo, podemos anotar de forma breve:

* *Inicio: 16:45*
* *Preparación clases 1º ESO*
* *Fin: 17:07*


O podemos ser más detallados:

* *Inicio: 16:45*
* *Selección de vídeos y ejercicios de Álgebra 1ºESO*
* *Fin: 17:07*

Podemos usar esta tabla como plantilla:

| Inicio | Actividad | Categoría | Fin | Tiempo |
|--------|-----------|-----------|-----|--------|
| 16:45 | Preparación clases 1º ESO | Preparación | 17:07 | 22 min |
| 17:08 | Corrección de test de Álgebra 1º ESO A | Evaluación | 17:22 | 14 min |
| 17:23 | Corrección de test de Álgebra 1º ESO B | Evaluación | 17:44 | 12 min |
| 17:45 | Apunte de las notas en cuaderno digital | Administrativa | 17:54 | 9 min |
| 17:55 | Envío de e-mail a familias | Administrativa | 18:13 | 18 min |
| | | | TOTAL | 1:15 |
| ... | ... | ... | ... | ... |

Sugiero comenzar con lo mínimo para no bloquearnos y que **se incorpore fácilmente en nuestra rutina** y, cuando esté asentado el procedimiento, aumentar el detalle y la información si así lo deseamos. Si hay **interrupciones** para ir al baño o a la nevera o para contestar una llamada, o dedicamos tiempo a mirar las redes sociales en el móvil, lo anotamos también, porque son precisamente los distractores que queremos detectar.

Por cierto, **no debemos engañarnos a nosotros mismos** falseando los datos para parecer más eficientes de lo que somos. Esto no es un ejercicio para fanfarronear ante los demás o ganar una competición, sino exclusivamente como diagnóstico para nosotros, lo cual nos servirá para reducir el tiempo dedicado a trabajar.

### Categorías de actividades

Como habéis observado en la tabla, he añadido una columna con categorías de actividades. Al menos, recomiendo que cada actividad se pueda fácilmente clasificar en una de estas categorías:

A. **Administrativa**: preparar o rellenar informes, escribir y contestar mailes, anotar calificaciones en cuadernos, gestión de problemas de disciplina, preparación de actividades extraescolares, reuniones online, etc.

B. **Preparación de clases:** revisión del libro de texto, preparación de clases o presentaciones, creación de fichas de trabajo, visionado y selección de videos, preparación de proyectos de clase, grabación de videos explicativos, selección de tareas, etc.

**C. Evaluación:** corrección de fichas, cuadernos, tests, exámenes, actividades digitales, etc.

**D. Tiempo perdido por distracciones.** Aquí iremos anotando los tiempos dedicados a actividades no relacionadas con el trabajo: mail personal, WhatsApp, Facebook, Instagram, TikTok, Candy Crush, otros juegos, televisión, llamadas telefónicas, interrupciones familiares, visitas a la nevera, etc.

### 2. ¿Cuánto tiempo deberíamos hacer este seguimiento?

Para empezar y hacer el diagnóstico, es recomendable hacerlo **todos los días durante un par de semanas** de trabajo "normales", esto es, que sean representativas de nuestra rutina habitual. Por ejemplo, todos tenemos más carga de trabajo a principio de curso y finales de trimestres, por lo que realizarlo en esos momentos no nos daría una imagen objetiva del trabajo que habitualmente desarrollamos.

Al final de este período, sumaremos los tiempos de las actividades y tendremos una visión de 2 factores:

**A.** Tiempo total dedicado **cada día**

**B.** Tiempo semanal dedicado a **cada categoría** de tareas

Esta es la base sobre la que intentaremos reducir el tiempo trabajado, porque detectaremos exactamente nuestros **"agujeros negros" de tiempo** y nos marcaremos **objetivos concretos de mejora**, como *"dedicar 20 minutos menos cada día a preparar las clases"*, *"no contestar llamadas telefónicas durante el tiempo de trabajo"*, etc. que podamos luego poner en marcha en nuestra rutina diaria.

### 3. Métodos Simplificados

Si el método detallado os parece demasiado trabajoso, podemos simplificarlo. Podemos usar una tabla donde cada día apuntemos sólo la hora de comienzo y final de nuestras tareas, junto con lo que hemos hecho. Mira este modelo:

| FECHA | INICIO | FIN | TIEMPO | TAREAS |
|---|---|---|---|---|
| Lunes 12/10/2020 | 16:45 | 18:30 | 2:45 | Preparación clases 1º ESO Corrección test 2º ESO Envío de mailes tutoría ... |
| | | | | |

Podemos usar una tabla aún más simplificada donde, al final de nuestra sesión de trabajo, iremos rellenando los tiempos estimados (con precisión de 5 minutos) que dedicamos a cada categoría de las anteriormente nombradas:

| FECHA | Preparación de clases | Corrección y evaluación | Administrativa | Otras | Tiempo perdido |
|---|---|---|---|---|---|
| Lunes 12/10/2020 | 20 min | 25 min | 30 min | ... | ... |
| ... | ... | ... | ... | ... | ... |

Al final de 2-3 de semanas, hacemos una revisión de las tablas diarias que hemos recopilado y tendremos **información real sobre el el tiempo dedicado**, los días que más trabajamos, qué actividades realizamos más frecuentemente, etc.

De esta forma, aunque no tengamos gran detalle, al menos tendremos una visión global de cómo usamos nuestro tiempo.

#### 4. OKGoogle, Siri o Alexa al rescate

Los asistentes de voz que usas habitualmente te pueden ayudar creando una lista (De la misma forma en que añadimos productos a la lista de la compra) donde vas dictando los tiempos y actividades que vas realizando sin necesidad de apuntarlo sobre el papel y posteriormente puedes recuperar estas anotaciones ya digitalizadas para analizarlas. (@ → *"Cómo crear notas en Alexa/Siri/OKGoogle"*).

### 5. No es imprescindible

Después de leer esto, algunos estáis pensando: *"¡¡Uf, qué pereza todo este lío de ponerme a medir el tiempo y usar las tablas!!"*

En realidad, todo este proceso, aunque recomendable, no es imprescindible para empezar a ahorrar tiempo. Basta con observar nuestras rutinas de trabajo, detectar las principales pérdidas de tiempo y elegir en consecuencia algunas de las técnicas que propongo.

Sin embargo, si lo llevas a cabo podrás cuantificar el progreso y a nivel psicológico te ayudará pensar: *"Antes dedicaba tres horas cada día y ahora sólo dedico dos horas. ¡Me voy a ver un capítulo de Netflix para celebrarlo!"*

Si tienes claros tus **"agujeros negros de tiempo" por donde se te escapa la vida**, céntrate en los consejos de los capítulos correspondientes y empieza ya a ahorrar tu valioso tiempo.

## 28. HAZLO BIEN, NO PERFECTO

Nadie es perfecto. Ni falta que hace. Del mismo modo, **no es necesario que todo lo que hagamos dentro de nuestro trabajo sea perfecto.** Basta con que sea apropiado y funcional. Operativo y práctico. **La perfección está generalmente reñida con la productividad.**

Seamos claros. Como apunté en la introducción, **cualquier cosa que hagamos siempre podrá mejorarse.** Siempre podremos buscar mejores materiales. Siempre podremos diseñar mejores pruebas de evaluación. Siempre podremos mejorar nuestra comunicación con las familias. Y así ocurre con todo nuestro trabajo. Si quisiéramos hacerlo todo perfecto, la tarea sería interminable.

El problema es que esta búsqueda de la perfección conlleva una mayor dedicación de nuestro valioso recurso de tiempo, así que hemos de afrontar el lado práctico y asumir la mentalidad **"good enough"** (@ → *"Good enough principle"*) , que viene a ser como filosofía de lo **"suficientemente bueno"** (@ → *"Filosofía de lo suficientemente bueno"*). En lugar de tratar de alcanzar la perfección en todo lo que hacemos en nuestro trabajo, vamos a integrar en nuestra mente que, dentro del tiempo del que disponemos, podemos desarrollar **ciertas tareas que sean lo suficientemente buenas para los objetivos que nos hemos marcado y no agobiarnos.** Aunque las tareas concretas no sean perfectas, el resultado global en el balance de nuestro tiempo será positivo y lo notaremos.

## 1. Evita personalizar todos los mailes

Hubo una temporada en la que trataba de personalizar todos y cada uno de los mailes que, como tutor, enviaba a las familias y también al responder los suyos. Usaba constantemente el nombre del estudiante, hacía mención expresa y con detalle a lo que quería comunicar, etc. Como resultado, dedicaba unos 5 minutos a cada mail y cuando se acumulaban 5 mailes a redactar, se me iban innecesariamente 30 minutos. Enseguida modifiqué este método para **usar las plantillas genéricas en las que copio y pego** una estructura básica y luego hago los mínimos cambios para personalizarlo.

**Eliminar los detalles nos ahorra tiempo.**

## 2. No es necesario escribir todas las correcciones

Si eres como yo, te cuesta dejar sin **corregir los errores** que los estudiantes escriben en una tarea o examen. También con las **faltas de ortografía**. Dentro de mí, tengo la sensación de que si no lo corrijo, el estudiante pensará que es correcto cuando no lo es. Pero habitualmente encontramos tantos errores y faltas que sería **imposible corregirlos todos**. Consumiría mucho tiempo. De modo que he alcanzado un equilibrio y **sólo escribo las correcciones más graves** y el resto **simplemente lo tacho o señalo** para que se vea que hay un error, pero sin escribir la corrección pertinente de cómo sería la forma correcta. El ahorro de tiempo es sustancial. (Revisa el capítulo 16 para más detalles).

## 3. No adaptes todas las actividades

**Cada grupo de estudiantes es un mundo.** Tienen un nivel diferente, un comportamiento diferente, una dinámica diferente. Pero no podemos estar específicamente adaptando todas las actividades para todos y cada uno de los grupos que tenemos o nos volveremos locos. Si tenemos un material que ha funcionado en el pasado o en otras clases o hemos encontrado en internet y nos gusta, **no es necesario que lo editemos previamente con el ordenador para**

**personalizarlo**, sino que lo usamos directamente y simplemente les decimos a los estudiantes: *"Hacemos los ejercicios a, c, d y f pero no hacemos el resto"*.

Lo mismo con algunos **estudiantes con ciertas necesidades educativas**. No hace falta que tengan un material específico, podemos usar el material general e indicarles que hagan ciertos ejercicios, preguntas o problemas concretos y se olviden del resto.

Una de las ideas que me funcionan en Matemáticas es generar **fichas generales de ejercicios con dificultad creciente**: los primeros muy fáciles, los siguientes con nivel intermedio y los últimos más complejos.

Será más sencillo de entender con un ejemplo concreto: si hay 10 ejercicios de matemáticas en una ficha:

- 1-4. Ejercicios fáciles
- 5-8. Ejercicios normales
- 9-10. Ejercicios difíciles

De esta forma, si tengo estudiantes más lentos, basta con que hagan los 4 primeros ejercicios, la mayoría de la clase debe completar todos hasta el 8 y finalmente los ejercicios 9 y 10 quedan para los más espabilados que necesitan algún desafío mental.

### 4. No intentes solucionar todos los problemas de conducta

Otro de los dolores de cabeza que se nos suele presentar a los profesores en general, pero especialmente a los tutores, son los **problemas de convivencia** que irremediablemente surgen en las clases. **Trabajar con niños y adolescentes significa aprender a gestionar conflictos.** Es una de las funciones que se aprende con la experiencia y, en muchos casos, a golpe de errores.

Sin embargo, hemos de entender que los estudiantes deben aprender a gestionar ciertos conflictos por ellos mismos **sin la intervención de adultos**. Forma parte del **proceso de crecimiento y madurez personal**. Si tenemos clara esta directriz, lo importante es aprender a distinguir cuándo debemos intervenir y cuando es mejor que los dejemos resolver por su cuenta, lo cual ya es de por sí complicado...

En el lado práctico, significa que **no debemos dedicar nuestro tiempo a todas y cada una de las situaciones de conflicto** que surjan en la clase o en la tutoría, basta con determinar cuáles requieren nuestra acción y dejar que el resto las solucionen los estudiantes y aprendan a gestionarlas en el proceso.

### 5. No hay que probar todas las metodologías y aplicaciones educativas

*Aprendizaje Basado en Proyectos. EdPuzzle. Aprendizaje Basado en el Pensamiento. STEM. Rúbricas. Plickers. Design Thinking. Escape Rooms. EducaPlay. Aprendizaje Cooperativo. Mindfulness. Robótica y Programación. Educación Emocional. Kahoot. Gamificación. Flipped Classroom. Aprendizaje Basado en Problemas. STEAM...*

No me he inventado ninguna, las he sacado de los últimos artículos que hablan de **metodologías y aplicaciones educativas innovadoras** (@ → *"Metodologías/aplicaciones educativas innovadoras"*). Y podría llenar una página o un capítulo con otras tantas.

Es **imposible estar al día con todas ellas** y, mucho menos, es imposible probarlas todas para ver si se adaptan a nosotros y funcionan con nuestros estudiantes. Últimamente hay muchísima presión mediática en muchos frentes y parece que si no usamos algunas o muchas de estas metodologías somos peores profesores. Pero esto **NO es así, la metodología que usa no hace mejor o pero a un profesor.** He visto excelentes profesores dando lecciones magníficas con tiza, pizarra, papel y lápiz y otros profesores incapaces de sacar adelante una lección sencilla con tablet, proyector y metodología innovadora. **La calidad de la enseñanza depende más del profesor que de la metodología.**

No necesitamos demostrar que estamos al día con todas estas metodologías didácticas. **No necesitamos dar la apariencia de ser** un "superprofesor" tecnológico. Basta con hacer bien nuestro trabajo y sentirnos satisfechos por ello.

En resumen, hay que mantener el sentido común. Si ves alguna app o metodología que crees que puede funcionar contigo y con tus estudiantes, la pruebas y, si te gusta, la incorporas, pero no sientas ningún reparo en seguir haciendo las cosas que te funcionan sin tratar de innovar sólo porque la presión del entorno. Tiempo perdido.

### 6. Otras situaciones donde no hace falta alcanzar la perfección

- Redacción de informes de estudiantes
- No hay que revisar a fondo todas las libretas
- Redacción de actas de reuniones de todo tipo
- Programaciones del curso
- No hemos de mantener perfectamente actualizada nuestra biblioteca de videos
- El acabado o maquetado de nuestros propios materiales no tiene que brillante

### REFLEXIONA

- ✔ ¿Eres perfeccionista en tu trabajo y en tu vida?
- ✔ ¿Dedicas mucho tiempo a dejarlo todo completo y bonito?
- ✔ ¿Escribes TODAS las correcciones en tareas, tests y exámenes?
- ✔ ¿Adaptas todas las actividades para todos los estudiantes que lo requieren?
- ✔ ¿Pruebas todas las metodologías innovadoras de las que escuchas hablar?
- ✔ ¿Intentas solucionar todos los conflictos que surgen en tu clase o tutoría?

# 29. MOTIVACIÓN

*— Si yo tuviera esos cincuenta y tres minutos, los usaría para caminar tranquilamente hasta la fuente– respondió el niño.*

*El Principito*

*Antoine de Saint Exupéry*

Voy a comentar en este breve capítulo una reflexión básica que deberíamos plantearnos antes de aplicar las técnicas de productividad de este libro: **¿Qué haremos con el tiempo que ahorremos de nuestro trabajo?** Es decir, **¿por qué o para qué queremos ahorrar ese tiempo?**

¿Queremos recuperar ese tiempo para nuestra familia? ¿Queremos dedicarlo a nuestros hobbies? ¿Vamos a dedicarlo a estudiar las oposiciones que estamos preparando? ¿Vamos a practicar deporte? ¿Más tiempo para las redes sociales? ¿Leer más? ¿Dormir más? ¿Algún proyecto personal? ¿A ver más series de televisión? ¿A quedar con los amigos?... **Cada uno de nosotros tiene sus prioridades para el empleo del tiempo y todas son respetables.**

En mi caso, hago muchas cosas con el tiempo liberado: leer, practicar senderismo, escribir relatos y libros educativos, dibujar y hacer grabados, crear blogs y webs, ver series y películas variadas, etc.

Como he dicho en la introducción, la efectividad de las técnicas de productividad se basan en que las incorporemos de forma permanente en nuestro sistema de trabajo. Por tanto, no basta con hacer un pequeño esfuerzo puntual y pensar que eso será suficiente para siempre. Debemos estar alerta y **mantener las rutinas que incorporemos** para convertir los ahorros de tiempo en permanentes y no caer en la inercia de nuestras metodologías anteriores.

Para alcanzar el éxito, **es fundamental encontrar una razón que nos guíe en los cambios** y nos haga pensar que lo que estamos haciendo tiene sentido a medio y largo plazo. En resumen, **necesitamos tener una motivación** para iniciar y mantener las prácticas que nos ahorrarán tiempo.

Si no es así, sucederá como en otras ocasiones nos pasa con las buenas intenciones de practicar más deporte o comer más sano. **Si no tenemos una sólida motivación, se quedan en buenas intenciones** y esfuerzos iniciales que no llevan a ninguna parte. Comenzamos y lo abandonamos en cuanto surgen contratiempos.

Por ello, antes de lanzarte a aplicar las técnicas de este libro, te propongo que hagas una pausa, reflexiones y encuentres tus mejores razones para ahorrar tiempo de trabajo, escribas esas razones en un papel y lo sitúes visible cerca de tu espacio de trabajo.

Una frase como esta te puede ayudar a centrar el objetivo. Complétala en una hoja con tu motivación particular, cuélgala cerca de tu zona de trabajo y así recordarás constantemente por qué lo estás haciendo:

*"Cuando trabaje una hora menos, dedicaré ese tiempo a…"*

Como diría El Principito:

*"Cuando trabaje una hora menos, dedicaré ese tiempo a caminar tranquilamente hasta la fuente"*

# 30. PRIORIZA TU VIDA PERSONAL

De acuerdo con mi experiencia, el gremio de los profesores somos una fuerza laboral con **alta motivación y gran capacidad de trabajo**. Por ello, somos capaces de **sacrificar frecuentemente nuestro tiempo de vida personal para dedicarlo a realizar adecuadamente nuestro trabajo**. Por supuesto que hay excepciones, pero la mayor parte de los docentes con los que he trabajado responden a este perfil.

Como consecuencia, dedicamos más tiempo del imprescindible a preparar y mejorar las clases, a corregir tareas y exámenes, a rellenar inútiles informes... Extendemos los tiempos dedicados a estas actividades **a costa de nuestra vida personal**: dormir el tiempo que necesitamos, tareas domésticas, disfrutar de nuestra familia, usar las redes sociales, aficiones, deporte, salir con amigos, ver series de TV o simplemente tumbarnos en el sofá a escuchar música porque es lo que nos apetece.

Si esto ocurriese puntualmente no supondría un gran problema, pero cuando se mantiene durante la mayor parte del curso, como en realidad está ocurriendo cada vez más frecuentemente, además de todos los otros factores adicionales (**estudiantes irrespetuosos y familias excesivamente exigentes**, entre otras muchas circunstancias), se crea una situación de estrés constante, infelicidad, síndrome de burnout o trabajador "quemado" (@→ "*Síndrome de burnout/trabajador quemado*"), o aparecen situaciones clínicas como **ansiedad y depresión.**

¿Y si le damos la vuelta? ¿Y si cambiamos de prioridades? ¿Y si empezamos a asumir que, por muy importante que sea nuestro trabajo, no debemos dejar que interfiera dramáticamente en nuestro tiempo personal?

Lo que yo he puesto en práctica desde hace algún tiempo es **priorizar mi vida personal** y marcar el **tiempo límite** que quiero dedicar al trabajo.

En mi caso, tras pasar una época de estrés por exceso de trabajo y otras circunstancias personales, hice mis cálculos y decidí que quería dedicar a trabajar un máximo total de 7 horas diarias (incluyendo en este cómputo las clases lectivas y tiempo de permanencia en el instituto, las cuales suponen ya unas 5 horas diarias). Por tanto, intenté planificar mis horarios semanales de forma que el cómputo final fuera de 35 horas distribuidas a lo largo de la semana según mi conveniencia (deporte, familia, aficiones, ocio, etc.) Al intentar seguir las mismas rutinas de siempre, quedó muy claro que me resultaría imposible **desarrollar todo lo que hacía** en el tiempo que me había asignado y empecé a buscar **formas de mejorar mi productividad**. Comencé a reducir el tiempo dedicado a preparar clases, a rechazar proyectos que antes desarrollaba, a repensar las tareas y exámenes para corregirlos más rápidamente, a trabajar sin el móvil cerca, etc. El resultado son las ideas y técnicas que os explico en este libro.

Incidentalmente, he de comentar que no soy el único profesor que ha llegado a estas mismas conclusiones. En Estados Unidos ha surgido un gran movimiento que aboga por una semana laboral real de 40 horas para los profesores (@ → *"40 hours teacher workweek"*), criticando que la mayor parte de los docentes en ese país dedican semanalmente mucho más tiempo que esas 40 horas. (Lo sé también por experiencia: trabajé como profesor en Chicago el curso 1999-2000)

Por supuesto, esta es mi filosofía personal adaptada a mis circunstancias personales y profesionales. Cada uno debe decidir por sí mismo.

Yo soy más feliz así.

**Y tú, ¿cuánto tiempo quieres trabajar?**

# 31. UN POCO DE ESTRÉS ES BUENO

A todos nos ha pasado esto alguna vez. Tenemos **una tarea pendiente que vamos aplazando** porque nos falta tiempo y no es prioritaria; o nos faltan las ganas para afrontarla por la razón que sea; o tal vez simplemente se nos ha olvidado. Entonces, la víspera del plazo límite, cuando ya no tenemos otra opción, nos sentamos, nos centramos y la sacamos adelante en **menos tiempo del que habríamos pensado.**

Recuerdo una ocasión en la que, a principio de curso, nos repartimos **la revisión de la programación** del año anterior entre los profesores del departamento de ciencias, asignando una asignatura a cada profesor. Odio estas tareas burocráticas que no sirven para nada pero son obligatorias, así que lo fui dejando y aplazando hasta el penúltimo día, cuando era inevitable completarla. Abrí el documento, copié y pegué lo que me interesaba de internet y lo terminé en menos tiempo que habría pensado. El estrés por el plazo límite me ayudó a ser muy eficiente. Si lo hubiera comenzado antes, me habría llevado un tiempo total mayor, aunque menos estrés, la verdad…

Lo mismo ocurre con nuestros estudiantes cuando les mandamos un tarea (un proyecto, por ejemplo) con un plazo de entrega alejado en el tiempo. A pesar de nuestras recomendaciones y seguimientos, no hacen nada hasta el último momento. Y no lo hacen tan mal…

¿Qué sucede en ambos casos? **El estrés nos hace ser más productivos porque ya no tenemos ninguna otra opción.**

Este fenómeno tiene que ver con la **Ley de Parkinson,** que ya hemos nombrado en el capítulo 3 para ver sus efectos negativos y remediarlo con la necesidad de asignar tiempos a nuestras tareas. En este caso, el efecto es positivo, ya que **la falta de tiempo material nos vuelve más eficientes**. No hay otra opción.

### El estrés positivo

Hay varios tipos de estrés, entre ellos uno positivo, que nos permite **afrontar situaciones puntuales de forma satisfactoria.** Piensa en un deportista antes de la competición o un actor justo antes de salir a escena. Para traerlo a nuestro ambito, piensa en la corrección de un examen cuando faltan dos días para las evaluaciones del grupo. Debes corregirlo por necesidad. Y lo haces rápido y bien.

Estas situaciones de estrés generan una **mayor concentración y atención** y nos facilitan sacar adelante **tareas complejas en menos tiempo**. Por tanto, no es un problema grave si puntualmente dejamos algunas de las tareas complejas para el último minuto confiando en que nuestra capacidad sabrá resolver la situación. Además, generalmente nos ha ocurrido algo semejante en el pasado y sabemos que podremos gestionarlo.

El peligro es que entremos en una dinámica en que vamos aplazando y dejando TODO para el último momento. En ese caso se genera una situación de **estrés crónico que comienza a afectarnos en aspectos psicológicos y fisiológicos.** Piensa, por ejemplo, en cuántos profesores opositores se ponen enfermos justo tras acabar la oposición. El estrés continuado nos afecta negativamente a la salud.

Después de hablar en la primera parte del libro sobre lo importante que es la planificación y organización del tiempo, no puedo recomendar que dejemos las tareas para última hora como estrategia global de nuestra productividad. Sin embargo, **puntualmente puede resultar efectivo despreocuparnos** de alguna tarea no inminente y dejarla para el último momento, confiando en que el efecto del estrés y nuestra propia capacidad de respuesta nos permitirán completarla sin problemas.

# 32. ANÁLISIS Y REFLEXIÓN

Esta es una reflexión general sobre la necesidad de dedicar un tiempo a **analizar lo que hacemos y evaluar si está funcionando o no.**

Nos resulta útil en todos los aspectos de nuestra vida personal y laboral, pero aquí lo centraremos en el análisis de las técnicas de ahorro de tiempo que estamos usando.

Para ello, debemos **reservar unos 10-15 minutos de reflexión al final de la semana** para pensar en lo que hemos probado y **evaluar lo que ha funcionado y lo que no.** No es necesario hacerlo por escrito, aunque algunas conclusiones podríamos anotarlas en la agenda para **no repetir errores.** Nos deberíamos plantear estas preguntas repasando nuestro trabajo semanal:

- ¿Hemos rechazado tareas o actividades que nos han propuesto? ¿Cuáles? ¿Cuánto tiempo de ahorro estimamos? **Ejemplo:** no hemos accedido a preparar un informe de comportamiento de un estudiante a solicitud de la familia ya que no era nuestra obligación. Ahorro de tiempo: 30 minutos.

- ¿Hemos aceptado tareas "por compromiso" y no hemos sabido negarnos? ¿Cuáles? ¿Cuánto tiempo necesitaremos dedicar a ellas? ¿Cómo podemos actuar en el futuro para evitarlo? **Ejemplo:** nos han pedido que diseñemos el póster para el Día de la Tierra porque se nos da bien el diseño gráfico. Tiempo perdido: 2 horas.

- ¿Hemos evitado las principales distracciones? **Ejemplo:** hemos apagado y guardado el móvil mientras corregíamos exámenes

- ¿Hemos hecho algo que era innecesario? Si es así, hay que eliminarlo la próxima vez. **Ejemplo:** hemos preparado una tarea para los estudiantes que no les ha aportado nada y nos ha llevado un tiempo de preparar y evaluar.

- ¿Hemos hecho algo que se podría reducir? En ese caso, hay que reducirlo la próxima vez. **Ejemplo**: hemos realizado un examen que podría contener menos preguntas o menos apartados, lo cual supone mayor tiempo de corrección. **Otro ejemplo**: hemos llamado a una familia y nos hemos extendido más de lo necesario

- ¿Hemos llevado a cabo los nuevos hábitos que nos habíamos propuesto? ¿Cuáles hemos puesto en práctica? ¿Cuánto tiempo estimamos que hemos ahorrado? ¿Cuáles de los que nos habíamos propuesto no hemos puesto en marcha? ¿Por qué razones? **Ejemplo**: Hemos comenzado a usar las hojas de cálculo para anotar nuestras calificaciones en lugar del cuaderno de profesor tradicional en papel

Con esta información iremos **mejorando progresivamente nuestra productividad** y disminuyendo el tiempo dedicado al trabajo.

Del mismo modo que hacemos un ejercicio de reflexión sobre el ahorro de tiempo en el trabajo, podríamos (deberíamos) extenderlo a nuestra **actividad de enseñanza,** planteándonos periódicamente estas preguntas: ¿ha funcionado esta actividad desde el punto de vista pedagógico?, ¿por qué o por qué no?, ¿cómo podría mejorarse este proyecto?, ¿cómo de efectiva ha sido la comunicación con la familia?, etc. Este análisis y reflexión nos permitirá una mejora continua como profesores.

# 33. ULTRAPRODUCTIVIDAD EN EL TRABAJO DE PROFESOR

En algunos casos concretos, nuestras circunstancias personales nos dejan muy poco tiempo que dedicar a nuestras funciones docentes, por lo que hemos de llevar al extremo las técnicas que se comentan en este libro para reducir el tiempo de trabajo aún más. Dos de las situaciones más comunes son cuando tenemos **hijos pequeños**, que requieren nuestra atención constante y cuando estamos **preparando oposiciones**. Por supuesto, existen otras muchas situaciones personales que requieren ser ultraproductivos (cuidado de familiares, enfermedad crónica propia, responsabilidades variadas, etc.), sólo nombro estas por ser dos de las más comunes. En estas circunstancias, no sólo cada minuto, sino **cada segundo cuenta.**

También te puede resultar útil el capítulo 34 donde hablo del ahorro de tiempo en tu vida personal.

## 1. Hijos pequeños

Cuando tenemos hijos pequeños a los que debemos atender, tenemos que **alcanzar un equilibrio** entre el tiempo que dedicamos a ellos y el que asignamos a nuestro trabajo. Y **eso es muy personal y subjetivo**, por lo que debemos encontrar ese punto de equilibrio donde nos encontremos suficientemente satisfechos de la atención que ofrecemos a nuestros hijos y a la vez con el trabajo que estamos haciendo. Nunca va a ser fácil y siempre tendremos remordimientos en uno u otro sentido. Pero con el tiempo nosotros iremos adaptándonos y nuestros hijos creciendo.

## 2. Oposiciones

Si estamos trabajando como interinos y de verdad **queremos aprobar las oposiciones**, esta debería ser nuestra **prioridad** durante el curso y tratar de dedicar **el menor tiempo posible a nuestro trabajo**. La competencia es muy grande y la diferencia entre conseguir plaza o no puede ser de unas centésimas (En este caso sí que importan los decimales...), por lo que tenemos que encontrar cualquier momento que nos permita estudiar el temario y preparar la programación.

## 3. Recomendaciones de ultraproductividad docente

Para que estos consejos sean más concretos, centro las recomendaciones en familias con hijos, pero la mayoría son perfectamente aplicables a opositores.

**A.** Párate a pensar. Revisa lo que estás haciendo como profesor y **analízalo TODO desde la perspectiva del ahorro de tiempo**. Tal vez nos gusta un tipo de exámenes o tareas pero conllevan mucho tiempo de corrección. Tal vez nos encanta preparar proyectos y los materiales que los acompañan. Tal vez aceptamos tareas que no deberíamos. Reflexiona sobre lo que haces en tu trabajo y el tiempo que lleva asociado y busca la forma de **cambiar para reducir tiempos**. Es mejor pararse, reflexionar y modificar algo antes que seguir haciéndolo como siempre por inercia o pereza y así evitamos acumular pérdidas de tiempo a lo largo del curso.

**B.** Rechaza frontalmente todo lo que no sea estrictamente necesario. Explica a quien te lo pida que tienes hijos a tu cargo (o que estás estudiando para la oposición o ambas cosas) y no tienes tiempo para **nada que no sea imprescindible u obligatorio**. Di no de forma sencilla pero contundente.

**C.** Planifica y organiza tu tiempo tratando de **adaptarlo a los horarios de tus hijos**. Si van a al escuela o guardería, aprovecha todo ese tiempo para lo que probablemente no puedas hacer cuando estás con ellos: corregir exámenes, por ejemplo; pero tal vez sí puedas revisar mailes mientras juegan en el parque.

**D.** **Paga a alguien para que cuide de tus hijos** regularmente o algunas horas mientras tú completas tu trabajo. Recuerda, el dinero se puede recuperar, el tiempo nunca.

**E.** Aprovecha todo lo que puedas el **tiempo que estás en el centro educativo** porque en casa no sabes de cuánto tiempo dispondrás. **Corrige todo lo que puedas durante el tiempo de clase** (libretas, ejercicios, tests, tareas, etc.) mientras los estudiantes hacen otras tareas o ejercicios de práctica.

**F.** Con los hijos **siempre hay imprevistos**. Ten preparadas algunas lecciones o actividades de emergencia para cuando todo sale mal y no podemos seguir nuestra rutina habitual.

**G.** Sé **ultraproductivo** con el tiempo del que dispones efectivamente: esconde el móvil, elimina otras distracciones, trabaja por bloques, limita los tiempos asignados, etc.

**H.** **Pide ayuda a otros profesores.** La mayoría de los profesores no tendrán ningún problema en ofrecerte materiales, actividades, tests, exámenes, tareas, etc. que estén **listas para usar sin tener que prepararlas.** Tal vez no es lo que harías tú, pero tiene la ventaja de que no tienes que prepararlo tú. Entre todo lo que te proporcionen, elige lo que sea más fácil de corregir.

**I.** Si puedes, limita la preparación de clases al **uso del libro de texto y sus actividades**. Te simplificará mucho el trabajo.

**J.** Si buscas materiales en internet, mantén dos ideas directrices: que estén **totalmente preparados para usar y que sean fáciles de corregir**. Si hay que modificarlos o conllevan mucho tiempo de corrección, directamente no los descargues.

**K.** Reduce drásticamente la cantidad de cosas que tendrás que evaluar: tareas, tests y exámenes. Si puedes funcionar con 2 exámenes por grupo, mejor que 3. Reduce las preguntas de los exámenes. Reduce los apartados de las preguntas.

**L.** Elimina o reduce todas las tareas o actividades cuya corrección lleve mucho tiempo. Sustitúyelas por otras **más sencillas de corregir**. Cambia proyectos por fichas de trabajo. Cambia exámenes por tests.

Cambia tests en papel por **tests digitales autoevaluados**. Quema las rúbricas.

**M.** Baja el nivel de exigencia académica. Acepta que **no vas a llegar a todo y a todos** y quédate con los **contenidos mínimos**. Te quitará mucha carga de tiempo y mucho estrés.

**N.** Si puedes elegir al principio de curso, elige tus asignaturas y grupos para tener el mínimo **número de estudiantes** a tu cargo.

- Busca asignaturas con más horario lectivo (y con ello tendrás menos grupos en total, por tanto menos estudiantes en total) y asignaturas con **número reducido de estudiantes** (optativas, grupos divididos, grupos reducidos de refuerzo, etc.).

- Elige menos asignaturas de niveles diferentes y más asignaturas repetidas en grupos del mismo nivel para no tener que preparar mucha variedad de materiales. Por ejemplo, quédate con todos los grupos de tu asignatura de 1º ESO y podrás repetir lecciones y materiales en todos ellos en lugar de tener que preparar más variedad de materiales para más niveles.

- **PMAR es una elección perfecta: muchas horas con pocos estudiantes.** (PMAR son las iniciales de **Programa de Mejora del Aprendizaje y del Rendimiento**, y se refiere en España a programas educativos con grupos de estudiantes que necesitan un apoyo extra. Generalmente son grupos reducidos de estudiantes con muchas horas de clase con los mismos profesores. Seguro que existen programas equivalentes en tu país)

# 34. DECÁLOGO DE PRODUCTIVIDAD EN TU VIDA PERSONAL

Aunque se sale tangencialmente del objetivo central de este libro, seguro que agradeces algunas breves ideas que te ayuden a ahorrar tiempo en tu vida personal y así dedicarlo a otras cosas que sean **más importantes o prioritarias para ti**. En algunos casos implican una pequeña inversión o gasto de dinero, pero os recuerdo que **el dinero lo podemos reponer, pero el tiempo no.**

1. **Cuida tu salud.** Come de forma saludable. Duerme las horas necesarias. Practica algo de deporte. Si te encuentras bien física y mentalmente, afrontarás todas tus tareas con más energía y sin duda te llevarán menos tiempo.

2. **Di NO** a todo lo innecesario. Céntrate en lo que sí quieres hacer. Antes de acepar propuestas, para y piensa si realmente es lo que quieres hacer. Sé asertivo al decir NO. A veces adquirimos compromisos que no nos aportan nada y no nos hacen felices: nos hacen perder el tiempo. Como *Marie Kondo* (@ → *"Marie Kondo"*) frente a una camiseta vieja, nos preguntamos: *¿es útil?* y *¿me hace feliz?* Si la respuesta es "NO" para ambas preguntas, deberíamos rechazarlo.

3. **Organiza todo tu tiempo**, también el de trabajo doméstico y el tiempo libre. Planificar lo que vamos a hacer nos permite aprovechar mejor el tiempo. Dentro de lo posible, incluye en tus planes semanales las actividades familiares, el horario de limpieza de casa, de ir al supermercado, de ir a caminar, de salir al cine, etc.

4. **Evita la multitarea** y las distracciones y aprovecha el tiempo efectivo que dedicas a cada tarea: si friegas, concéntrate en fregar, si

barres, céntrate en eso. Acabarás antes todo lo que hagas si estás con ello al 100%.

5. **Di NO al perfeccionismo**. También en la vida personal, basta con que las cosas estén suficientemente bien y no perfectas. Nos ahorraremos tiempo y aumentará nuestro bienestar mental.

6. Si puedes elegir y pagarlo, **vive cerca de tu centro de trabajo**. El tiempo de transporte (en coche particular o en transporte público) es uno de los más improductivos. Si usas el transporte público, aprovéchalo como tiempo muerto y adelanta tareas breves.

7. **Reparte las tareas de casa** con tu familia. Es razonable repartir las tareas por turnos (hoy friego yo y mañana tú) o por preferencias (yo prefiero fregar y tú pasas la aspiradora) Incluye a tus hijos en la tareas que puedan realizar de acuerdo con su edad: los más pequeños pueden ayudar a doblar calcetines o tender/recoger la ropa, los más mayores pueden hacer turnos de fregar. **Paga a alguien para que haga las tareas de la casa**, si te lo puedes permitir.

8. **Haz la compra del supermercado por internet** y que te la manden a domicilio. **Cocina raciones dobles** y congela lo cocinado para no tener que hacerlo otro día. O dedica una tarde a cocinar para varios días. (@ → *"Batch cooking"*). **Compra un robot de cocina** programable y aprende a usarlo.

9. **Usa lavavajillas y robot-aspiradora**. Mientras no friegas los platos o no pasas la aspiradora, puedes dedicarte a otras muchas cosas. **No planches**. Planchar consume mucho tiempo para que todo se arrugue en cuanto lo usamos. Existen muchos tejidos que no necesitan planchado o aplica trucos al secar la ropa.

10. Reserva un tiempo semanal para reflexionar sobre tus rutinas personales diarias y **focalizar y priorizar tu ahorro de tiempo** en esos **agujeros negros** por los que desaparecen tu tiempo y tu vida.

# 35. EMPIEZA AHORA

*Un viaje de mil millas comienza con un primer paso*

*Lao-Tse*

*Si buscas resultados distintos no hagas siempre lo mismo*
*Albert Einstein*

Este libro está lleno de técnicas y consejos que te pueden ayudar a ahorrar tiempo pero de nada te sirven si permanecen como ideas escritas en un papel y no las pones en funcionamiento, si no cambias lo que estás haciendo ahora.

Algunas son más complejas y requieren más cambios, pero otras son extremadamente sencillas y cuesta menos de un minuto ponerlas a trabajar. Si las incorporamos en nuestra rutina diaria tendrán un efecto importante de ahorro de tiempo en toda nuestra vida laboral.

Elige una o dos de ellas y ponlas a funcionar. Deja que actúen. Comprueba el ahorro. Aprovecha el tiempo ahorrado y sigue. Da pequeños pasos que te permitan liberar tiempo de trabajo y cambiarlo por el tiempo que tú elijas. Acumula estos ahorros y sé feliz.

Adaptando una conocida frase que se aplica a la inversión financiera y la plantación de árboles:

**El mejor momento para empezar a ahorrar tiempo fue ayer.**
**El segundo mejor momento es hoy.**
**Empieza hoy. Empieza ahora. Empieza YA.**

Printed in Great Britain
by Amazon